Gary Kim이 제시하는
완벽한 영어공부

①
영어를 잘하기 위해서는 첫 째로 영어 어순에 익숙해져야 한다.

이 책은 누구라도 힘들이지 않고 영어 어순에 익숙해질 수 있도록 고안된 한국인을 위한 "영어어순 훈련서" 입니다.

②
영어독해는 번역이 아니다.

영어 어순을 한국 어순으로 바꾸려 하지 말고, 영어 어순 그대로, 우리말로 해석하는 훈련을 하시기 바랍니다. 이 책의 독해는 모두 "원어민식 우리말 해석" 입니다.

③
영어 스피킹과 리스닝을 위한 최고의 훈련법은 원어민의 말을 "Shadowing Technique" 으로 무한 반복 따라 하는 것이다.

이 책에 포함된 미국 전문 성우의 조크 나레이션으로 훈련하면 스피킹과 리스닝 실력을 단기간에 올릴 수 있습니다.

④
영어 문장을 의미 단락으로 끊어 말하는 훈련을 하라.

이 책에서는 의미단락을 모두 (/, //)로 표시해 "의미단락 끊어 읽기 훈련"을 정확히 할 수 있도록 했습니다.

⑤
원어민 발음에 가까울수록 좋다.

정확한 발음은 제대로 된 커뮤니케이션의 출발입니다. 이 책에는 미국 전문 성우가 mp3로 녹음한 내용이 포함되어 있어 미국 본토 발음을 완벽하게 익힐 수 있습니다.

⑥
영어문법 공부를 따로 할 필요가 없다.

독해 부분에 나와 있는 방법으로 "원어민식 우리말 해석" 훈련을 하면 우리말과 영어의 차이가 확연히 이해되면서 영어의 문법은 저절로 습득됩니다. 이 방법은 문법적으로 완전한 영작까지 가능하게 해 줍니다.

한국인에게 최고의 영어 공부법은 영어의 어순을 훈련하는 "원어민식 우리말 해석"과 "Shadow Technique"으로 원어민의 표준발음, 강세, 리듬을 익히는 것이다.

1 "원어민식 우리말 해석"
2 "의미 전달 단위로 끊어 읽기"
3 "Shadow Technique(그림자 기법)"

❶ 한국식 영어 해석 VS 원어민식 우리말 해석

영어의 어순과 똑같이
원어민식 우리말로 해석하라.

"I am going to visit Korea with my wife next week to see my parents."
"다음 주에 아내하고 부모님 뵈러 한국에 갈 겁니다."

우리말과 달리 영어는 단어 배열이 일정하게 정해져 있습니다. 위의 문장처럼 영어는 주어와 동사로 시작합니다. 그리고 그 뒤에 궁금한 내용(누구와 함께, 언제 , 어디서, 무엇을, 어떻게 등등)이 뒤따라 오는 것입니다. 의문문일 경우와 특별히 강조해야 할 때를 제외하고는 항상 일정한 순서로 단어가 배열되는 것입니다. **이것이 영어의 어순이고 문장의 구조입니다.**

우리말은 많은 경우에 주어, 소유격 대명사를 생략하고 문장 속에서 명사의 수도 생략하며 시제도 정확하게 말하지 않습니다. 원어민이 이 문장을 들으면 누가 갈 것인지, 누구의 아내인지 또는 누구의 부모님인지, 부모님이 몇 명인지를 계속해서 의문점이 생길 것입니다.

다음은 영어문장을 영어의 어순 그대로 즉, 원어민식 우리말로 해석해 본 것입니다. 의미가 변했는지 보시기 바랍니다.

"I am going to visit / Korea / with my wife / next week / to see / my parents."

"나는 방문할 예정이다. / 한국을 / 나의 아내와 함께 / 다음 주에 / 보기 위하여 / 나의 부모님들을"

보시는 바와 같이 우리말을 원어민식 어순으로 해석해도 의미 전달에는 아무 문제가 없습니다.

우리말에는 영어에 없는 "조사"(은, 는, 이가, 을, 로 와) 가 각 단어의 격(주격, 목적격, 소유격)을 의미해주기 때문에 단어의 배열이 바뀌어도 의미가 달라지지 않는 것입니다.
우리말은 영어와는 확연히 다르게 어순이 바뀌어도 의미전달에 아무런 변화가 없습니다.
우리말에서 생략하는 1인칭 주어, 부정관사, 관사, 명사의 복수형, 소유격 또는 동사의 시제를 영어가 쓰여있는 그대로 해석했고 능동태와 수동태를 정확히 구분하여 해석했기 때문에 매끄러운 우리말로 들리지 않을 수도 있습니다. 하지만 영어처럼 주어와 소유격, 그리고 "부모님들을" 이라고 명사의 수를 정확히 명시했기 때문에 오히려 더 명쾌한 해석이 된 것입니다.

이런 방법으로 "원어민식 우리말 해석 훈련"을 하게 되면 문장의 내용도 정확히 파악될 뿐 아니라 문법도 저절로 알게 됩니다. 한국사람들이 정복하기 거의 불가능하다고 생각하는 부정관사, 정관사, 소유격 대명사 그리고 명사의 수, 시제까지 완벽히 익힐 수 있습니다. 또한 어휘력, 문장구조, 문법 그리고 영어표현력이 모두 동원되는 영작 능력이 단기간에 향상됩니다.

↻ 반드시 의미 전달 단위로 끊어서 읽기 훈련하기

최소한의 의미 전달 단위로 단락을 끊어 이해하고,
읽는 훈련을 집중적으로 하라.

이 책에서는 사선(/, //)으로 표시
원어민은 반드시 의미단락으로 끊어서 말을 합니다.

문법적으로 정확한 문장으로 말을 했는데도 원어민이 못 알아듣는 큰 이유중의 하나는 의미 전달 단위로 말하지 않고 영어단어 하나 하나를 끊어 말했기 때문입니다.

이렇게 말을 하게 되면 원어민은 귀를 쫑긋 세우고 본인의 인내심과 씨름할 것입니다. 외국인이 대한민국을 "ㄷ, ㅐ, ㅎ, ㅏ, ㄴ, ㅁ, ㅣ, ㄴ, ㄱ, ㅜ, ㄱ"으로 끊어 말하는 것과 똑같이 들리는 것입니다.

영어는 반드시 의미 전달 단위로 끊어서 말을 해야 합니다. 이 의미단위로 끊어 읽기 훈련을 하면 영어회화 실력도 급속도로 향상시킬 수 있습니다.

이 책에는 영어낭독 훈련을 정확히 할 수 있도록 의미단락을 (/)로 표시해 놓았습니다.
이 훈련을 하면 리스닝에서도 대화 상대의 말에 속도에 상관없이 잘 들리게 됩니다. 당연히 듣기능력은 저절로 향상됩니다. 독해를 할 때도 문장을 의미 전달 단위로 끊어 해석하면 내용이 정확하게 이해됩니다.

❸ 원어민의 표준발음과 강세를 훈련하기
"Shadow Technique(그림자 기법)"

리스닝과 스피킹 향상을 위한
최고의 훈련법

오리지날 오디오 보다 한 단어 또는 두 단어 늦게 출발해서 그림자처럼 계속 따라 하는 방법을 Shadow Technique이라고 합니다. "Shadowing 훈련"으로 정확한 모음과 자음의 발음, 단어의 강세, 문장의 강세, 연음 그리고 미국 영어 특유의 리듬을 익히시기 바랍니다.

이 책에 포함된 미국 전문 성우의 나레이션을 따라 무한 반복 연습하시기 바랍니다.
여러분의 리스닝과 스피킹 실력은 이 훈련으로 완성될 것입니다.

LEARN
ENGLISH

미국식 유머
스피킹·리딩 훈련

FUNNY JOKES

동인랑

STEP 1 — 조크 감잡기

조크 일러스트레이션을 보고 오디오를 집중해서 들으면서
전체적인 내용을 짐작해 본다.

먼저 스크립트를 보지 말고 조크 일러스트레이션을 보고 오디오를 들으며
내용을 짐작해 보시기 바랍니다. 단어 하나 하나에 집중하지 말고 조크의
전체 내용을 파악 해야 합니다. 세 번 이상 들어도 이해가 안 되는 부분이
있으면 다음 단계로 넘어가시기 바랍니다.

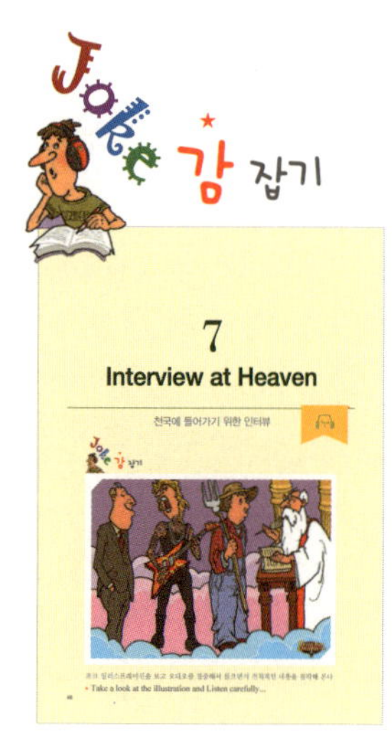

STEP 2 — Key words & Idioms

조크의 본문을 이해하는데 필요한 단어와 숙어를 점검한 후
오디오를 다시 듣는다.

리스닝과 본문 독해를 위한 최소한의 단어와 숙어를 익히는 단계입니다.
전치사와 결합된 구동사와 구문은 일상 회화뿐만 아니라 영작에서도 유용
하게 쓰이기 때문에 반드시 기억하시기 바랍니다.

이 책은 포복절도 영어조크와 코믹 일러스트 그리고 최고 수준의
미국 표준 발음 전문 성우(Voice Actor)가 읽어주는 mp3로 구성되어 있습니다.

스크립트 확인

스크립트를 보면서 안 들렸던 부분을 확인 후 오디오를
다시 들어본다.

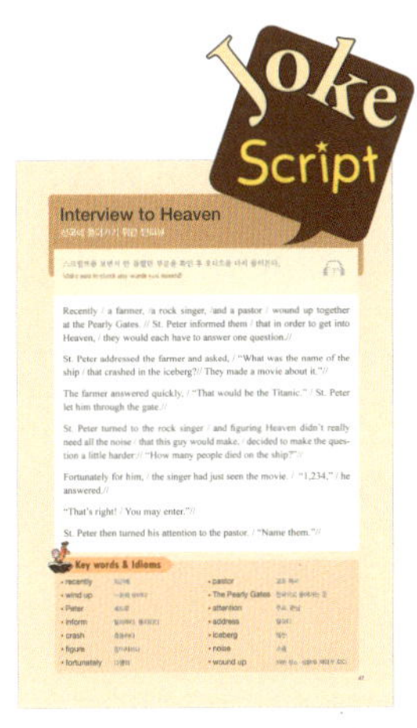

스크립트에 표시된 한 개의 사선 (/)은 짧게 쉬고, 두 개의 사선 (//) 은
조금 길게 쉬거나 문장이 끝나는 경우입니다.

전달하고자 하는 의미단위를 최소한으로 끊는 것이 기본이며, 대체로
　① 주어가 길 경우
　② 주어가 사람 이름으로 시작될 경우
　③ 접속사 앞 · 부정사 · 분사 · 쉼표와 마침표가 있을 경우 그리고
　④ 강조하기 위한 부분에서
　　끊어 읽습니다.

각각의 말하는 스타일이나 문장 내용과 강조하는 부분의 중요도에 따라 약간씩 달라질 수도 있습니다.
끊어읽기는 영어 커뮤니케이션에서 가장 중요한 기술의 하나입니다.
이때 단어의 강세와 연음 현상에 주의하면서 문장에 들어있는 미국 영어특유의 리듬도 함께 공부해야
합니다.

독해

"원어민식 우리말 해석" 훈련법으로 내용을 완벽하게 이해한다.

"독해는 번역이 아니다".

영어가 쓰여진 순서와 똑같이 원어민식 우리말로 해석하는 훈련을 하시기 바랍니다. 이렇게 원어민들이 말하는 순서 그대로 훈련을 하면 우리가 가장 힘들어하는 영어의 어순과 틀이 자동적으로 습관화가 됩니다.
당연히 한국어와 영어의 차이를 알 수 있게 되어 영어의 문법과 문장구조까지 저절로 습득하게 됩니다. 이 "원어민식 우리말 해석"에 익숙해지면 영작이 자동적으로 되고, 영어듣기가 비약적으로 향상됩니다.

이 독해 부분에 표시된 한 개의 사선 (/)은 영어 어순과 똑같이 우리말로 해석하기 위한 최소 단위로 끊는 표시이며, 다시 뒤로 돌아가지 않기 위한 방법입니다.
두 개의 사선 (//) 은 스크립트의 의미단락으로 끊는 표시와 일치합니다. 여러분의 독해 실력에 따라 의미단락 표시인 사선 두개(//) 길이까지 한 번에 해석해 내는 훈련을 돕기 위한 표시입니다.

우리말에는 조사가 있기 때문에 단어의 순서를 영어 어순으로 바꾸어도 그 뜻이 변하지 않습니다. 다소 부자연스러운 우리말은 자연스러운 우리말로 만들어 이해하면 됩니다. 정관사 the, 부정관사 a, 복수, 소유격, 관계대명사 까지도 빼놓지 않고 우리말로 해석하는 습관을 들이면 스피킹이나 영작을 할 때 완벽한 영어 문장를 구사할 수 있는 능력이 저절로 생겨납니다.
"원어민식 우리말 해석" 훈련법으로 조크 전체 내용을 완전히 파악한 후, 다시 한 번 오디를 들으면 조크 내용이 술술 들리는 놀라운 경험을 하게 될 것입니다.

STEP 5
Listening and Reading comprehension

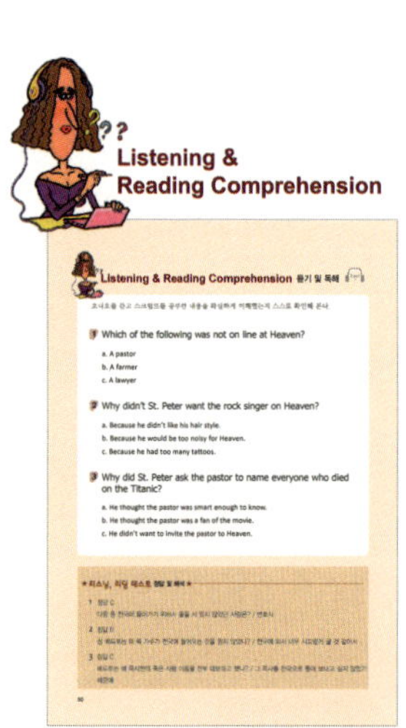

오디오를 듣고 스크립트를 공부한 내용을 확실하게 이해했는지 스스로 확인해 본다.

이제까지 오디오를 듣고 스크립트를 공부한 내용을 얼마나 확실하게 이해하였는지 문제를 풀면서 스스로 점검하시기 바랍니다.

STEP 6 영작

본문에서 익힌 단어와 숙어를 이용하여 영작해본다.

영작 훈련은 이메일과 같은 문서를 주고받기 위해 필요하지만 여러분의 스피킹 실력을 높이기 위해서도 매우 중요합니다. 스피킹 실력도 궁극적으로는 영작 실력에 의해 결정되기 때문입니다.

독해에서 "원어민식 우리말 해석" 훈련을 통해 이미 영어의 어순에 익숙해졌고, 우리말에 없는 영어의 어법적인 특징이 파악되었기 때문에 영작 능력은 저절로 좋아집니다. 영작 훈련에서는 부정관사, 정관사, 소유격 대명사 또는 명사의 수를 생략하고 최대한 자연스러운 우리말 예제를 주었습니다. 조크 본문에 나온 단어와 표현법을 활용한 영작 훈련을 통해 우리말과 영어의 문장구조 차이점을 완벽하게 익히면 스피킹 실력도 한층 좋아질 것입니다.

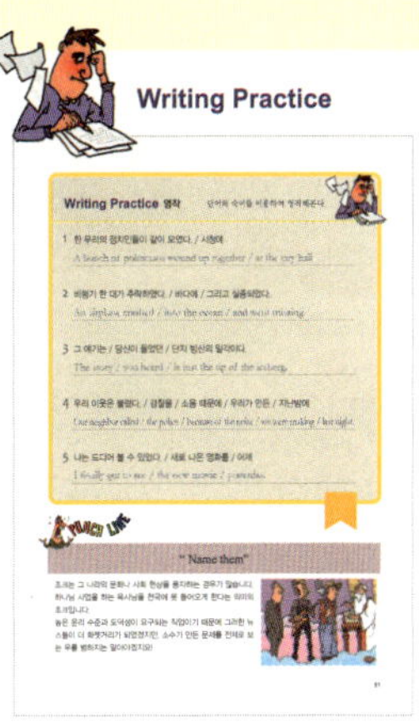

STEP 7 — Shadowing Technique(그림자 기법)

스피킹과 리스닝 훈련을 할 수 있는 가장 좋은 방법

영어 스피킹과 리스닝을 위한 최고의 훈련법은 원어민의 말을 "Shadowing Technique (그림자 기법)"으로 무한 반복 따라하는 것입니다. 동시통역을 공부할 때 쓰는 방법입니다. 오리지날 오디오보다 한 단어 또는 두 단어 늦게 출발해서 계속 따라 하는 방법입니다. 오디오를 Shadowing 으로 따라하며 발음, 단어의 강세, 문장의 강세, 연음 그리고 미국 영어 특유의 리듬을 확실하게 익힙니다.

이 책에는 미국인 표준발음 전문 성우의 조크 오디오가 포함되어 있습니다.

STEP 8 — Rewriting Technique(재작성 기법)

스크립트를 보지 않고 외운 내용을 써 본 후 원본과 대조해본다.

본인이 외워서 쓴 내용이 원본과 얼마나 일치하는지 대조해 보면 혼자서도 자신의 영어 학습 성취도를 평가할 수 있습니다. 단어와 구문은 물론 문법까지 완벽해지는 훌륭한 방법입니다.

Contents
차례

WHO?

1

When Should I Tell Him?

언제 말을 해줘야 하지요?

조크 일러스트레이션을 보고 오디오를 집중해서 들으면서 전체적인 내용을 짐작해 본다.

★ Take a look at the illustration and Listen carefully...

When Should I Tell Him?

언제 말을 해줘야 하지요?

스크립트를 보면서 안 들렸던 부분을 확인 후 오디오를 다시 들어본다.

Make sure to check any words you missed!

It had been almost a year / since World War II was over.// An Italian pawnbroker in Rome / felt that he needed to confess, / so he visited the Priest in town.//

"Forgive me, Father, / for I have sinned.// While the war was raging in Italy, / I met a Jewish jeweler / who escaped from Berlin / and I let him hide in the attic of my shed."//

"Well," / answered the Priest, / "that's not a sin."//

"But I charged him 30 denaros / for each week he stayed."//

"I admit that wasn't good, / but you did it for a good reason."//

"Oh, / thank you, Father.// That eases my mind. Father, / I have one more question."//

"What is it, son?"//

"When should I tell him / the war is over?"//

Key words & Idioms

★ pawnbroker	전당포 주인	★ confess	고백하다
★ Priest	카톨릭 교회 신부	★ forgive	용서하다
★ sin	죄를 짓다	★ raging (rage)	～이 한창인
★ jeweler	보석상	★ attic	다락방
★ dinaro	화폐 단위 , 디나르	★ ease	가볍게 하다

Reading Comprehension_독해

"영어 어순식 한국어 해석" 훈련법으로 내용을 완벽하게 이해한다.

It had been almost / a year // since World War II was over.
거의 다 되어가고 있었다. / 일 년이 // 세계 2차 세계 대전이 끝난 지

An Italian pawnbroker / in Rome // felt / that he needed / to con-
한 이탈리아인 전당포 주인이   로마에 있는   느꼈다.   그는 필요하다고   속죄하는 것이
fess, // so he visited / the Priest in town.
       그래서 그는 찾아갔다.   그 마을의 신부님을

"Forgive me father, // for I have sinned.
"저를 용서해 주십시오. 신부님,   제가 지은 죄를

While the war was raging / in Italy, // I met / a Jewish jeweler // who
그 전쟁이 한창일 때   이탈리아에서, 저는 만났습니다. 한 유대인 보석상을
escaped from Berlin // and I let him hide / in the attic / of my shed."
베를린에서 탈출한   그리고 나는 그를 숨겨 주었습니다." 다락방에   우리 집 창고의

"Well," // answered / the Priest, // "that's not / a sin."
"글쎄요,"   대답했다.   그 신부님이,   "그것은 아닙니다." 하나의 죄가

"But I charged him / 30 dinaros // for each week / he stayed."
"하지만 저는 그에게 청구했습니다." 30 디나로를   매 주   그가 머무는 동안

"I admit / that wasn't good, // but you did it / for a good reason."
"나는 인정합니다," 그것은 좋지 않다고, 하지만 당신은 그 일을 했습니다. 합당한 이유로

"Oh thank you Father. // That / eases / my mind.
오, 고맙습니다. 신부님,　　　그것이　가볍게 해줍니다.　제 마음을

Father, // I have / one more / question."//
신부님,　　저는 가지고 있습니다. / 하나 더 / 질문을.

"What is it, son?"
무엇인가요, 아들이여!

"When should I tell / him // the war is over?"
언제 저는 말해줘야 하나요? / 그에게 // 그 전쟁이 끝났다고

Listening & Reading Comprehension 듣기 및 독해

오디오를 듣고 스크립트를 공부한 내용을 확실하게 이해했는지 스스로 확인해 본다.

1 Why did the Italian pawnbroker visit the priest?

a. He needed to confess.

b. He needed to borrow money from him.

c. He wanted to see how he was doing.

2 Why didn't the pawnbroker tell the Jewish jeweler the war was over?

a. Because it was still dangerous to let him out

b. Because he would get more money from the Jewish

c. Because the Jewish didn't want to leave

3 How many denaros did the Jewish man pay every week?

a. 13

b. 300

c. 30

★ 리스닝, 리딩 테스트 정답 및 해석 ★

1 정답 A
이탈리아 전당포 주인은 왜 신부님을 찾아갔나? / 고해성사를 받기 위해.

2 정답 B
그 전당포 주인은 왜 유대인 보석상에게 전쟁이 끝났다고 말을 하지 않았나? /
그 유대인한테 더 많은 돈을 받기 위해.

3 정답 C   그 유대인은 매주 몇 디나로씩 지불을 하였나? / 30 디나로

Writing Practice 영작

단어와 숙어를 이용하여 영작해본다.

1 당신은 속죄할 필요가 없다. / 난 이미 알고 있으니까 / 그것에 대해 모두

You don't need to confess. / I've already known / all about it

2 10년이 되었었습니다. / 내가 결혼한 지

It has been 10 years / since I married.

3 지금도 많은 난민들이 있다. / 살고 있는 / 보트에서 / 그들이 탈출한 후에 / 자기 나라에서 / 전쟁 중인

There are still many refugees / that have been living / in boats / since they escaped / from their country / at war.

4 당신은 가지고 있었다. / 하나의 좋은 이유를 / 당신이 그것을 한 것에 대하여 (당신이 그것을 한 것에는 그럴만한 이유가 있었다.)

You had / a good reason / for doing what you did.

5 당신은 얼마를 청구할 겁니까? 나에게 / 그 일로

How much will you charge me / for the job?

"When should I tell him the war is over?

이탈리아 전당포 주인이 다락방에 숨겨 준 유대인 보석 상한테서 돈을 계속 받을 속셈으로 전쟁이 끝났는데도 알려주지 않은 죄를 교묘하게 속죄 받으려고 하는 내용이지요. 일반적으로 유대인은 돈에 철저한 민족으로 알려졌는데, 이탈리아 전당포 주인이 유대인보다 한 술 더 뜬다는 의미의 조크입니다. 전당포를 영어로는 Pawnshop이라고 합니다.

2
Whose Dog Is That?

개 주인이 누구요?

조크 일러스트레이션을 보고 오디오를 집중해서 들으면서 전체적인 내용을 짐작해 본다.

★ Take a look at the illustration and Listen carefully...

Whose Dog Is That?

개 주인이 누구요?

스크립트를 보면서 안 들렸던 부분을 확인 후 오디오를 다시 들어본다.

Make sure to check any words you missed!

There was a hound dog / laying in the yard / and an old geezer in overalls / was sitting on the porch.//

"Excuse me, sir, / but does your dog bite?" / a passerby asked.//

The old man looked up over his newspaper / and replied, / "Nope."//

As soon as the passerby stepped out of his car, / the dog began snarling and growling, / and then attacked / both his arms and legs.//

As the man flailed around in the dust, / he yelled, / "I thought you said your dog didn't bite!"//

The old man muttered, / "Not my dog."//

Key words & Idioms

★ hound dog	사냥개의 일종	★ mutter	(특히 기분이 나빠서) 중얼거리다
★ overalls	멜빵 바지	★ old geezer	(특히 좀 이상한) 영감(노인)
★ Passerby	행인	★ bite	물다
★ look up (from something)	(~을 보던 시선을 들어) 올려다보다, 쳐다보다	★ step out of	~에서 나오다
★ snarling and growling	이빨을 드러내며 으르렁거리다	★ flail	마구 흔들다
★ attack	공격하다		

Reading Comprehension_독해

"영어 어순식 한국어 해석" 훈련법으로 내용을 완벽하게 이해한다.

There was a hound dog // laying / in the yard // and an old geezer /
사냥개 한 마리가　　　　　　　누워있었다. / 그 집 마당 안에　그리고 한 명의 노인이

in overalls / was sitting / on the porch.
멜빵바지를 입은 / 앉아 있었다. / 그 현관 발코니에

"Excuse me, sir, // but does your dog bite?" // a passerby asked.
"실례합니다, 어르신,　　당신 개는 사람을 뭅니까?"　　　　지나가던 한 사람이 물었다.

The old man / looked up / over his newspaper // and replied, // "Nope."
그 노인은 쳐다보았다.　　　　그의 신문 너머로　　　그리고 대답했다.　　"아니요."

As soon as / the passerby / stepped / out of his car, //
나오자 마자　　그 행인이　　　　　　　　그의 차 밖으로

the dog began / snarling and growling, // and then attacked // both
그 개는 시작했다.　　이빨을 드러내며 으르렁거리기　그리고 나서 공격했다.　　그의

his arms and legs.
팔과 다리들을

As the man / flailed around / in the dust, // he yelled, //
그 남자가　　　팔다리를 휘저었다.　그 먼지 속에서,　그는 고함을 쳤다.

"I thought / you said / your dog / didn't bite!"
"나는 생각했다. / 당신이 말하기를 / 당신 개는 / 물지 않는다고!"

The old man / muttered, // "Not my dog."
그 노인네는　　　　중얼거렸다.　　"(그 개는)내 개가 아녀!"

Listening & Reading Comprehension 듣기 및 독해

오디오를 듣고 스크립트를 공부한 내용을 확실하게 이해했는지 스스로 확인해 본다.

1 Where was the dog?

    a. On the porch

    b. In the yard

    c. In the street

2 What did the passerby ask the old geezer?

    a. If his dog bites

    b. What kind of breed the dog is.

    c. If he is the dog owner.

3 Who was the dog's owner?

    a. The old geezer

    b. The passerby

    c. Someone else

★ **리스닝, 리딩 테스트** 정답 및 해석 ★

1 정답 B
개가 어디에서 있었나? / 마당에

2 정답 A
지나가던 사람이 나이든 남자에게 물어본 것은? / 그 개가 무는 개인지?

3 정답 C
그 개의 주인은 누구인가? / 다른 어떤 사람

Writing Practice 영작

단어와 숙어를 이용하여 영작해본다.

1 그 노인은 항상 앉아 있다. / 그 현관 발코니에

That old man is always sitting / on the porch.

2 실례합니다. / 하지만 지금 몇 시죠?

Excuse me, / but do you have the time?

3 나는 담장 너머로 보았다. / 개 한 마리를

I looked over the fence / and saw a dog.

4 경찰이 나한테 말했다. / 그 차에서 나오라고

The policeman told me / to step out of the car.

5 나는 물렸다. / 여러마리 모기에게 / 오늘

I was bitten / by several mosquitos / today.

"Not my dog."

그 사나운 개는 그 노인네 개가 아니었던 것입니다.
자기네 개가 안 문다는 뜻이었지, 마당에 누워있던
개가 물지 않는다는 것은 아니었다는 이야기죠.

3
I love New York!

나는 뉴욕을 사랑해!

조크 일러스트레이션을 보고 오디오를 집중해서 들으면서 전체적인 내용을 짐작해 본다.
★ Take a look at the illustration and Listen carefully...

I love New York
나는 뉴욕을 사랑해!

스크립트를 보면서 안 들렸던 부분을 확인 후 오디오를 다시 들어본다.
Make sure to check any words you missed!

Track 3

One day / my housework-challenged husband / decided to wash his sweatshirts.//

Seconds after, / he stepped into the laundry room, / shouted at me, / "What setting do I use / on the washing machine?"//

"It depends" / I replied, / "What does it say on your shirts?"//

He yelled back, / "I love New York."//

Key words & Idioms

★ housework-challenged	집안 일에 영 형편없는	★ sweatshirt	운동복 상의
★ step into	~로 걸어들어가다	★ laundry room	세탁실
★ shout	외치다	★ It depends	~에 달려있다
★ yell back	되받아서 말하다		

*Reading Comprehension*_독해

"영어 어순식 한국어 해석" 훈련법으로 내용을 완벽하게 이해한다.

One day // my housework-challenged / husband // decided / to
어느 날   집안 일에 영 형편없는 나의 남편이   결정했다.

wash / his sweatshirts.
세탁하기로   그의 운동복 상의를

Seconds after, // he stepped / into the laundry room, // shouted /
잠시 후,   그는 걸어갔다.   그 세탁실 안으로,   소리쳤다.

at me, //
나에게

"What setting / do I use // on the washing machine?"
"무슨 세팅(코스)을   내가 사용해야 해?   그 세탁기 위에 있는"

"It depends" // I replied, // " What does it say / on your shirts?"
"그건 (옷에 따라)다르지!" 나는 대답했다.   "뭐라고 써 있는데?   당신 운동복 상의에"

He yelled back, / " I love New York."
그가 맞받아 고함쳤다. "나는 뉴욕을 사랑해."

Listening & Reading Comprehension 듣기 및 독해

오디오를 듣고 스크립트를 공부한 내용을 확실하게 이해했는지 스스로 확인해 본다.

1 What was the husband trying to do?

    a. Do the dishes

    b. Clean the laundry room

    c. Do the laundry

2 What did the husband ask his wife?

    a. How much detergent to use

    b. If he needs to add bleach

    c. Which washing machine setting to use

3 What did his wife ask her husband?

    a. What color the shirt was?

    b. What it said on the laundry tag

    c. If the washing machine was on?

★ 리스닝, 리딩 테스트 정답 및 해석 ★

1 정답 C

남편은 무엇을 하려고 했나? / 세탁

2 정답 C

남편은 아내에게 무엇을 물어봤나? / 세팅을 무엇으로 맞추어야 하는지

3 정답 B

아내가 남편에게 물어본 것은? / 세탁물에 붙어있는 태그에 뭐라고 쓰여있는지

Writing Practice 영작

단어와 숙어를 이용하여 영작해본다.

1 그는 나에게 도전해 왔다. / 하나의 체스 게임으로

He challenged me / to a game of chess.

2 그는 부엌으로 갔다. / 물을 한 잔 마시러

He stepped into the kitchen / to get a drink of water.

3 내 운동복이 / 냄새가 나기 시작했다.

My sweatshirts / started to smell bad.

4 달려있다. / 그들이 누구냐에

It depends on / who they are.

5 무슨 세팅으로 / 나는 맞추어야 합니까?/ 그 건조기 위에 있는

What setting / do I use / on the dryer?

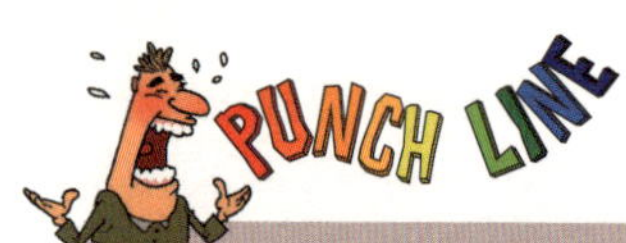

"I love New York."

아내는 옷 안쪽에 붙어있는 세탁용법 태그에 뭐라고
쓰였느냐고 물어보았는데 운동복 앞에 쓰여있는 글
자를 대답하는 엉뚱한 남편 이야기를 소재로 한 조
크입니다.

4

Now we run!

이젠 도망쳐야죠!

조크 일러스트레이션을 보고 오디오를 집중해서 들으면서 전체적인 내용을 짐작해 본다.

★ Take a look at the illustration and Listen carefully...

Now we run!
이젠 도망쳐야죠!

스크립트를 보면서 안 들렸던 부분을 확인 후 오디오를 다시 들어본다.
Make sure to check any words you missed!

Track 4

A priest is walking down the street / one day / when he notices a very small boy / trying to press a doorbell on a house / across the street.//

However, / the boy is very small / and the doorbell is too high / for him to reach.//

After watching the boy's efforts / for some time, / the priest moves closer / to the boy's position.//

He steps smartly across the street, / walks up behind the little fellow / and placing his hand / kindly on the child's shoulder, / leans over / and gives the doorbell a solid ring.//

Crouching down to the child's level, / the priest smiles benevolently / and asks, / "And now what, / my little man?"//

To which the boy replies, / "Now we run!"//

Key words & Idioms

★ priest	신부님	★ notice	발견하다, 알아채다
★ effort	노력	★ position	(자리 잡고 있는) 위치
★ walk up	걸어가다, 다가가다	★ fellow	남자 녀석, 친구
★ lean over	~너머로 구부리다	★ solid	확실한
★ crouch down	~아래로 몸을 구부리다	★ benevolently	자애롭게

*Reading Comprehension*_독해

"영어 어순식 한국어 해석" 훈련법으로 내용을 완벽하게 이해한다.

A priest / is walking down / the street // one day //
한 신부님이 걸어 내려가고 있습니다.   그 길을   어느 날

when he notices / a very small boy // trying to press / a doorbell / on
그때 그는 발견한다.   한 아주 작은 남자 아이를   누르려고 애쓰는   한 초인종을   어느

a house // across the street.
집의   그 길 건너편에

However, / the boy / is very small // and the doorbell / is too high //
하지만,   그 소년은   아주 작았다.   그리고 그 초인종은   너무 높았다.

for him / to reach.
그가   닿기에는

After watching / the boy's efforts // for some time, // the priest /
지켜본 후   그 소년이 애쓰는 것을   얼마동안,   그 신부님은

moves closer / to the boy's position.
가까이 다가갔다.   그 소년의 위치로

He steps / smartly / across the street, // walks up / behind the little
그는 건넜다.   지혜롭게   그 길을   다가갔다.   그 작은 꼬마 뒤로

fellow //

and placing / his hand // kindly / on the child's shoulder, // leans
그리고 얹었다.   그의 손을   친절하게   그 아이의 어깨 위에   허리를

over // and gives the doorbell / a solid ring.
굽혔다.　그리고 초인종을 눌러 주었다.　확실하게 한 번

"And / now what, // my little man?"
"그리고　이번엔 또 뭐야?　우리 꼬마 양반"

Listening & Reading Comprehension 듣기 및 독해 

오디오를 듣고 스크립트를 공부한 내용을 확실하게 이해했는지 스스로 확인해 본다.

1 What was the boy trying to do?

    a. Ring the doorbell

    b. Open the door

    c. Break the window

2 What did the priest do?

    a. Watch the boy try to ring the bell

    b. Ring the doorbell for the boy

    c. Both

3 Why did the boy want to ring the doorbell?

    a. He wanted to get inside the house.

    b. He wanted to break into the house.

    c. He wanted to play a prank.

★ 리스닝, 리딩 테스트 정답 및 해석 ★

1 정답 A

소년은 무엇을 하려고 하였나? / 초인종을 누르려고 했다.

2 정답 C

신부님이 한 일은? / 둘 다 (A, B 모두 정답)

3 정답 C

소년이 초인종을 누르려고 한 이유는? / 벨을 누르고 도망치는 장난을 하기 위해

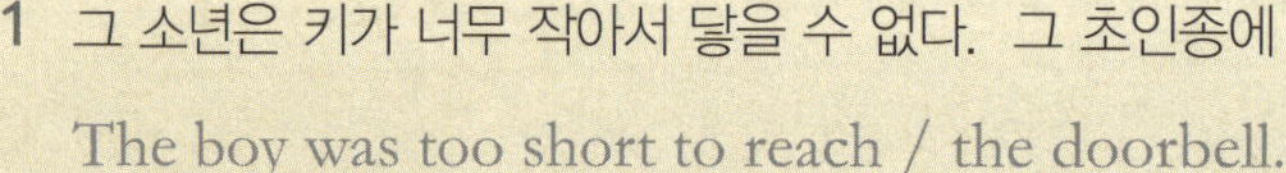

1　그 소년은 키가 너무 작아서 닿을 수 없다. 그 초인종에

The boy was too short to reach / the doorbell.

2　조금 더 가까이 올 수 있니? / 나한테

Can you come closer / to me?

3　그는 접근했다. / 그 문제에 / 지혜롭게

He approached / the problem / smartly.

4　나는 그의 얼굴에 주었다. / 강한 펀치를

I gave his face / a solid punch.

5　그는 자애로운 신사였다.

He was a benevolent gentleman.

"Now we run!"

꼬마 아이들이 남의 집 초인종을 누르고 도망치는 놀이(Prank)를 Ding-Dong Ditch 라고도 하는데 신부님은 이 꼬마 녀석이 자기 집 초인종을 누르려고 애쓰는 줄 알고 도와준 것이지요.

5
Get Out of the Car!

조크 일러스트레이션을 보고 오디오를 집중해서 들으면서 전체적인 내용을 짐작해 본다.

★ Take a look at the illustration and Listen carefully...

Get Out of the Car!
그 차에서 당장 내려!

스크립트를 보면서 안 들렸던 부분을 확인 후 오디오를 다시 들어본다.

Make sure to check any words you missed!

(This is supposedly a true account / recorded in the Police Log / of Sara-sota, Florida)

An elderly Florida lady did her shopping / and, upon returning to her car, / found four males / in the act of leaving with her vehicle.//

She dropped her shopping bags / and drew her handgun, / proceeding to scream / at the top of her lungs, / "I have a gun, / and I know how to use it! / Get out of the car!"//

The four men didn't wait / for a second threat.// They got out / and ran like mad.//

The lady, / somewhat shaken, / then proceeded to load her shopping bags / into the back of the car / and got into the driver's seat.// She was so shaken / that she could not get her key into the ignition.//

She tried and tried, / and then she realized why.// It was for the same reason she had wondered / why there was a football, a Frisbee and two 12-packs of beer / in the front seat.//

A few minutes later, / she found her own car / parked four or five spaces farther down.//

She loaded her bags into the car / and drove to the police station / to report her mistake.//

The sergeant to whom she told the story / couldn't stop laughing.//

He pointed to the other end of the counter, / where four pale men were reporting / a carjacking by a mad, / elderly woman described as white, / less than five feet tall, / glasses, / curly white hair, / and carrying a large handgun.//

No charges were filed.//

Key words & Idioms

★ supposedly	아마, 추정컨데	★ threat	위협
★ elderly	나이가 많은	★ somewhat	약간
★ in the act of	현장에서, 하고 있는 중에, 막 하려는 참에	★ load	~을 싣다
★ proceed	계속하다, 진행하다	★ ignition	차의 시동장치
★ scream	소리치다	★ farther	더 멀리 떨어진
★ at the top of one's lungs	목청껏	★ sergeant	경사(경찰 직급)

*Reading Comprehension*_독해

(This is supposedly a true account // recorded in the Police Log //
이 이야기는 플로리다 사라소타의 경찰 사건 일지에 기록되어 있는 내용을 바탕으로 구성된 것

of Sarasota, Florida)
입니다.

An elderly Florida lady // did her shopping // and, upon returning /
어느 나이 많은 플로리다 여자가   그녀의 쇼핑을 했다.   그리고, 돌아오자

to her car, // found / four males // in the act of leaving / with her
그녀의 차로,   발견했다. 네 명의 남자들을   막 떠나려고 하는   그녀의

vehicle.
차를 갖고.

Tip

한국말에서 거의 생략하는 소유격 대명사도 영어식으로 반드시 정확하게 해석 하시기 바랍니다.
영어에서는 불특정한 대상이 아닌한 반드시 명시를 해줍니다.

She dropped / her shopping bags // and drew her handgun, // pro-
그녀는 내려놓았다. 그녀의 쇼핑백들을   그리고 그녀의 권총을 겨눴다,

ceeding to scream // at the top of her lungs,
계속해서 소리 지르면서   그녀의 목이 터져라,

Tip

명사의 수에서 단수인지 복수인지도 영어에서는 정확히 명시를 해줍니다. 영어식 한국말 해석으로
반드시 정확하게 명시해 주시기 바랍니다.

"I have a gun, // and I know / how to use it! // Get out of the car!"
"나는 한 자루의 총이 있다, 그리고 나는 안다고,   이것을 쓰는 방법을!   그 차에서 내려!"

The four men didn't wait // for a second threat. // They got out //
그 네 명의 남자들은 기다리지 않았다. 두 번째 위협을   그들은 (차에서) 나왔다.

and ran // like mad.
그리고 달렸다   미친 듯이

The lady, // somewhat shaken, // then proceeded / to load / her
그 여자는,   약간 (몸이) 떨렸다,   그런 다음 진행(계속)했다. 싣기를   그녀의

shopping bags // into the back / of the car // and got into / the
쇼핑백들을   그 뒷 좌석에   그 차의   그리고 들어갔다.   그

driver's seat.
운전석에

She was so shaken // that she could not get / her key / into the
그녀는 너무 떨렸다.   그래서 그녀는 꽂을 수 없었다.   그녀의 (차) 키를   그 시동

ignition.
장치 안에

She tried and tried, // and then she realized / why.
그녀는 시도하고 시도했다,   그리고 나서 그녀는 알아차렸다. 왜 그런지

It was for the same reason / she had wondered // why there was /
그것은 같은 이유였다.   그녀가 궁금해했던 것과   왜 있었는지

a football, // a Frisbee and two 12-packs of beer // in the front seat.
한 개의 풋볼이, 한 개의 원반 그리고 12팩들의 맥주가   그 앞 좌석에

A few minutes later, // she found / her own car // parked / four or
몇 분이 지나서,   그녀는 찾았다,   그녀 소유의 차를   주차되어 있는   네

five spaces / farther down.
다섯 칸   더 멀리 (아래)에

She loaded / her bags into the car // and drove / to the police sta-
그녀는 실었다.   그녀의 백들을 그 차안에   그리고 운전해서 갔다.   그 경찰서로
tion // to report / her mistake.
          신고하기 위해   그녀의 실수를

The sergeant / to whom she told the story // couldn't stop / laughing.
그 경사(경찰관)는   그녀가 그 얘기를 한   멈출 수가 없었다.   웃음을

He pointed / to the other end / of the counter, // where four pale
그는 가리켰다.   그 다른쪽 끝   그 카운터의,   네 명의 얼굴이 하얗게
men were reporting //
질린 남자들이   보고하고 있는

a carjacking / by a mad, // elderly woman / described as white, //
한 번의 자동차 강탈   한 명의 미친(사람)에 의한, 늙은 여자   백인으로 묘사된,
less than five feet tall, // glasses, // curly white hair, // and carrying /
5피트 보다 작은 키에,   안경을 낀 ,   흰 곱슬머리의,   그리고 들고 있는
a large handgun.
한 자루의 커다란 권총을

No charges were filed.
아무런 법적 조치도 가해지지 않았다.

(경찰은 이 할머니에게 아무런 죄를 묻지 않았다고 합니다.)

Listening & Reading Comprehension 듣기 및 독해 

오디오를 듣고 스크립트를 공부한 내용을 확실하게 이해했는지 스스로 확인해 본다.

1 Where did the story take place?

    a. California

    b. Florida

    c. Minnesota

2 Why couldn't the old lady get her key into the car?

    a. Some men were sitting inside the car.

    b. She has a poor sight.

    c. The car wasn't hers.

3 Which of the following is not true in the story?

    a. The men were trying to steal the old lady's car

    b. The old lady owned a gun.

    c. She mistook the men for robbers.

★ 리스닝, 리딩 테스트 정답 및 해석 ★

1 정답 B
어디에서 일어난 이야기인가? / 플로리다

2 정답 C
이 할머니는 왜 그 차에 시동을 걸 수 없었나? / 그녀의 차가 아니었기 때문에

3 정답 A
다음 중 위의 이야기와 다른 내용은? / 그 청년들이 이 할머니 차를 훔치려 했다.

1 그녀는 내게 욕을 했다. / 고래고래 악을 써대며

She called my name / at the top of her lungs.

2 나는 우연히 보았다. / 한 명의 남자를 / 보석을 훔치고 있는

I happened to see / a man / in the act of stealing jewels.

3 그는 장전했다. / 그 총에 / 총탄들을

He loaded the gun / with some bullets.

4 나는 열심히 일했다. / 그래서 나는 살 수 있었다. / 한 채의 집을 / 좀 더 일찍

I worked so hard / that I could buy / a house / earlier.

5 우리는 보고서를 제출했다. / 자동차 탈취에 관한

We filed a report / for a carjacking.

"I have a gun, and I know how to use it! Get out of the car!"

플로리다에 한 할머니가 쇼핑몰 주차장에서 네 명의 청년들이 타고 있는 차를 자기 차로 착각하는 바람에 실제로 일어난 일입니다. 이 할머니에게 총으로 위협받고 차를 강탈당할 뻔 했던 청년들은 일생 이 일을 잊지 못하게 되겠군요.

미국에는 Stand your ground self-defense law라는 법이 있습니다. 누구든 상대방으로부터 위협을 느끼면 정당방위 차원에서 총을 쏠 수 있는 법입니다. 상당수 미국인들은 총을 소유하고 있고 실제 주머니에 넣어서 다니기 때문에 작은 시비도 자칫 생명과 직결될 수 있습니다. 이래서 미국에서는 갱단이 아니라면 개인끼리의 싸움은 절대 하지 않습니다.

6
Can't eat all at once

한꺼번에 먹을 수 없어서

조크 일러스트레이션을 보고 오디오를 집중해서 들으면서 전체적인 내용을 짐작해 본다.

★ Take a look at the illustration and Listen carefully...

Can't eat all at once
한꺼번에 먹을 수 없어서

스크립트를 보면서 안 들렸던 부분을 확인 후 오디오를 다시 들어본다.

Make sure to check any words you missed!

There was a visitor on a farm / and he asked the farmer / why one pig had a wooden leg.//
The farmer said, / "That pig is the bravest pig I ever saw."//

"So / why does he have a wooden leg?"/ The visitor asked.//

"Well, / one night our house caught on fire, / and he came into our house and he woke us all up." //

"So," / the visitor asked again, / "why does that pig have a wooden leg?"//

"Well, / a pig that brave / you can't eat all at once!"//

Key words & Idioms

★ there was	~이 있었다	★ visitor	방문객
★ farm	농장	★ wooden	나무로 만든
★ brave	용감한	★ catch on fire	불이 나다
★ all at once	한꺼번에	★ wake someone up	누군가를 깨우다

*Reading Comprehension*_독해

"영어 어순식 한국어 해석" 훈련법으로 내용을 완벽하게 이해한다.

There was a tourist / on a farm // and he asked / the farmer // why
방문객 한 사람이 있었다.　　어느 농장에　　그리고 그는 물었다.　그 농부에게　　　　왜

one pig / had / a wooden leg.
한 마리의 돼지가　가지고 있는지　목발 하나를

The farmer said, // "That pig / is the bravest pig / I ever saw."
그 농부가 말했다.　　　　"저 돼지는　　가장 용감한 돼지입니다.　내가 본 중에서"

"So // why does he have / a wooden leg?"// The tourist asked.
"그런데　왜 그(돼지)가 가지고 있는지?　　하나의 목발을"　　　그 여행객이 물었다.

"Well, // one night / our house caught on fire // and he came into
" 글쎄,　　　어느 날 밤　　　우리 집에 불이 났어요.　　　　　　　그러자 그 녀석이 집안으로

our house / and he woke us all up."
들어왔어요.　　　그리고 그 돼지는 우리 모두를 깨웠습니다."

"So," // the tourist asked / again, // "why does that pig / have a
"그래서요.",　그 여행객이 물었다.　다시 한 번　　" 왜 저 돼지가　　　　　　　　하나의

wooden leg?"
목발을 하고 있는 겁니까?"

"Well, // a pig / that brave // you can't eat / all at once!"
" 글쎄,　　한 마리의 돼지를　저렇게 용감한　당신은 먹을 수 없을거요.　한꺼번에!"

Listening & Reading Comprehension 듣기 및 독해

오디오를 듣고 스크립트를 공부한 내용을 확실하게 이해했는지 스스로 확인해 본다.

1 How was the pig different from other pigs?

    a. The pig was living in the wooden house.

    b. The pig had a wooden leg.

    c. The pig could walk on two legs.

2 What did the farmer describe the pig as?

    a. Smart

    b. Lazy

    c. Brave

3 What happened to the pig's leg?

    a. The farmer ate the leg.

    b. The leg had to be removed because it was infected.

    c. The pig lost its leg from the fire.

★ 리스닝, 리딩 테스트 정답 및 해석 ★

1 정답 B

그 돼지는 다른 돼지와 어떻게 다른가? / 그 돼지가 목발을 하고 있다.

2 정답 C

농부는 돼지를 어떻게 묘사하고 있나? / 용감하다.

3 정답 A

돼지 다리에 무슨 일이 일어났나. / 농부가 그 돼지 다리를 먹었다.

Writing Practice 영작

단어와 숙어를 이용하여 영작해본다.

1 나는 물어보았다. / 그 노인에게 / 어떻게 그는 잃었느냐고 / 그의 두 다리를

I asked / the old man / how he lost / his legs.

2 그는 하고 있다. / 목발과 안대를 / 해적처럼

He had / a wooden leg and an eye-patch / like pirates.

3 당신은 누구라고 생각합니까? / 가장 용감한 사람이 / 세 명의 젊은 남자 중에?

Who do you think / is the bravest / of the three young men?

4 그 호텔에 불이 나자마자, / 모든 사람들이 / 당황하기 시작했다.

As soon as the hotel caught on fire, / everyone /started to panic.

5 당신은 마실 수 있습니까? / 한 병의 와인을 / 한번에 다?

Can you drink / a bottle of wine / all at once?

"You can't eat all at once!"

불이 난 집에 뛰어들어와 자기 가족을 구해준 돼지를 차마 한끼 번에 잡아먹을 수 없어서 천천히 먹고 있다는 무식하고 잔인한 농부가 이 조크의 대상입니다. 오디오 나레이션에서 농부는 좀 무식하게 들리는 Southern accent(남부 억양)로 " Well, a pig that brave you can't eat all at once!" 라고 너스레를 떠는 내용이 나오는데. " Well, you can't eat a pig that brave all at once!" 라고 해야 문법적으로 좀 더 자연스러운 표현이 될 것입니다.

7

Interview at Heaven

천국에 들어가기 위한 인터뷰

조크 일러스트레이션을 보고 오디오를 집중해서 들으면서 전체적인 내용을 짐작해 본다.

★ Take a look at the illustration and Listen carefully...

Interview to Heaven

천국에 들어가기 위한 인터뷰

스크립트를 보면서 안 들렸던 부분을 확인 후 오디오를 다시 들어본다.
Make sure to check any words you missed!

Recently / a farmer, /a rock singer, /and a pastor / wound up together at the Pearly Gates. // St. Peter informed them / that in order to get into Heaven, / they would each have to answer one question.//

St. Peter addressed the farmer and asked, / "What was the name of the ship / that crashed in the iceberg?// They made a movie about it."//

The farmer answered quickly, / "That would be the Titanic." / St. Peter let him through the gate.//

St. Peter turned to the rock singer / and figuring Heaven didn't really need all the noise / that this guy would make, / decided to make the question a little harder:// "How many people died on the ship?"//

Fortunately for him, / the singer had just seen the movie. / "1,234," / he answered.//

"That's right! / You may enter."//

St. Peter then turned his attention to the pastor. / "Name them."//

Key words & Idioms

★ recently	최근에	★ pastor	교회 목사
★ wind up	~곳에 모이다	★ The Pearly Gates	천국으로 들어가는 문
★ Peter	베드로	★ attention	주의, 관심
★ inform	알려주다, 통지하다	★ address	말하다
★ crash	충돌하다	★ iceberg	빙산
★ figure	알아차리다	★ noise	소음
★ fortunately	다행히	★ wound up	(어떤 장소·상황에) 처하게 되다, 모이다

Reading Comprehension_독해

Recently // a farmer, // a rock singer, // and a pastor // wound up
최근에   한 명의 농부,   한 명의 록 가수,   그리고 한 명의 목사가   한 자리에

together / at the Pearly Gates.
함께 섰다.   그 천국문들 앞에

St. Peter informed / them / that in order to get / into Heaven, // they
성 베드로는 알렸다.   그들에게   들어가기 위해서는   천국으로,   그들은

would each have to answer / one question.
각각 대답해야 한다고   하나의 질문에

St. Peter addressed / the farmer / and asked, // "What was the
성 베드로는 말을 시작했다.   그 농부에게   그리고 물었다.   "그 배의 이름이 무엇

name of the ship // that crashed in the iceberg? // They made a
입니까?   그 빙산에 부딪혀 부서진   사람들이 하나의 영

movie / about it."
화로 만든   그것에 대해서"

The farmer answered / quickly, // "That would be the Titanic." // St.
그 농부는 대답했다.   재빨리   "그것은 (그) 타이타닉이지요."   성

Peter let him / through / the gate.
베드로는 그를 허락했다.   통과하도록   그 문을

St. Peter turned / to the rock singer / and figuring
성 베드로는 시선을 돌렸다.   그 록 가수한테   그리고 알아 차렸다.

Heaven didn't really need / all the noise // that this guy would
천국에선 정말 필요하지 않다고   그 모든 소음이   이 친구가 만들어 낼,

make, // decided / to make the question / a little harder : //
　　　　결정했다.　　그 문제를 만들기로　　　　조금 더 어렵게

"How many people died / on the ship?"
"몇 명이 죽었소　　　　　　　　　그 배에서?"

Fortunately for him, // the singer / had just seen / the movie. //
다행스럽게도 그에게　　　　그 록 가수는　　바로 얼마 전에 보았다.　그 영화를

"1,234," // he answered.
"1,234명이요,"　　그가 대답했다.

"That's right! // You may enter."
"맞았소! // 들어가도 좋소."

St. Peter then turned / his attention / to the pastor. // "Name them."
성 베드로는 그리고 돌렸다.　그의 관심을　　그 목사에게　"그들의 이름을 전부 대보게."

Listening & Reading Comprehension 듣기 및 독해

오디오를 듣고 스크립트를 공부한 내용을 확실하게 이해했는지 스스로 확인해 본다.

1 Which of the following was not on line at Heaven?

a. A pastor

b. A farmer

c. A lawyer

2 Why didn't St. Peter want the rock singer on Heaven?

a. Because he didn't like his hair style.

b. Because he would be too noisy for Heaven.

c. Because he had too many tattoos.

3 Why did St. Peter ask the pastor to name everyone who died on the Titanic?

a. He thought the pastor was smart enough to know.

b. He thought the pastor was a fan of the movie.

c. He didn't want to invite the pastor to Heaven.

★ **리스닝, 리딩 테스트** 정답 및 해석 ★

1 정답 C

다음 중 천국에 들어가기 위해서 줄을 서 있지 않았던 사람은? / 변호사

2 정답 B

성 베드로는 왜 록 가수가 천국에 들어오는 것을 원치 않았나? / 천국에 와서 너무 시끄럽게 굴 것 같아서

3 정답 C

베드로는 왜 목사한테 죽은 사람 이름을 전부 대보라고 했나? / 그 목사를 천국으로 들여 보내고 싶지 않았기 때문에

Writing Practice 영작

단어와 숙어를 이용하여 영작해본다.

1 한 무리의 정치인들이 같이 모였다. / 시청에

A bunch of politicians wound up together / at the city hall.

2 비행기 한 대가 추락하였다. / 바다에 / 그리고 실종되었다.

An airplane crashed / into the ocean / and went missing.

3 그 얘기는 / 당신이 들었던 / 단지 빙산의 일각이다.

The story / you heard / is just the tip of the iceberg.

4 우리 이웃은 불렀다. / 경찰을 / 소음 때문에 / 우리가 만든 / 지난밤에

Our neighbor called / the police / because of the noise / we were making / last night.

5 나는 드디어 볼 수 있었다. / 새로 나온 영화를 / 어제

I finally got to see / the new movie / yesterday.

" Name them"

조크는 그 나라의 문화나 사회 현상을 풍자하는 경우가 많습니다.
하나님 사업을 하는 목사님을 천국에 못 들어오게 한다는 의미의
조크입니다.
높은 윤리 수준과 도덕성이 요구되는 직업이기 때문에 성직자의
작은 소문도 큰 화제거리가 되겠지요. 하지만 소수가 만든 문제를
전체로 보는 우를 범하지는 말아야겠지요.

8
Cure for Cough

감기 치료제

조크 일러스트레이션을 보고 오디오를 집중해서 들으면서 전체적인 내용을 짐작해 본다.

★ Take a look at the illustration and Listen carefully...

Cure For Cough

감기 치료제

스크립트를 보면서 안 들렸던 부분을 확인 후 오디오를 다시 들어본다.

Make sure to check any words you missed!

The owner of a drugstore arrives at work / to find a man leaning heavily against a wall.//

The owner goes inside / and asks his clerk what's up.//

"He wanted something for his cough, / but I couldn't find the cough syrup,"// the clerk explains.// "So I gave him a laxative and told him / to take it all at once."//

"Laxatives won't cure a cough, / you idiot," / the owner shouts angrily.//

"Sure it will," / the clerk says, / pointing at the man leaning on the wall. // "Look at him. / He's afraid to cough."//

Key words & Idioms

★ drugstore /pharmacy	약국		★ lean against a wall	벽에 기대다
★ clerk	점원		★ cough (syrup)	기침(물약)
★ laxative	설사 유발제		★ all at once	한꺼번에
★ cure	치료하다		★ idiot	멍청이
★ angrily	화가 나서		★ point at	~을 가르키다
★ look at	~을 쳐다보다		★ be afraid (of)	~을 두려워하다

*Reading Comprehension*_독해

"영어 어순식 한국어 해석" 훈련법으로 내용을 완벽하게 이해한다.

The owner of a drugstore / arrives at work // to find a man / leaning
그 약국 주인이 　　　　　　　　　일터에 도착했다. 　한 명의 남자를 발견했다. 몸을 심하

heavily / against a wall.
게 기울여 　하나의 벽에 기대고 있는

The owner goes inside // and asks / his clerk / what's up.
그 주인은 안으로 들어갔다. 　　　　　그리고 물었다. / 그의 점원에게 / 무슨 일이냐고

"He wanted something / for his cough, // but I couldn't find / the
"그가 뭘 원했습니다. 　　　　　　　그의 기침에 듣는 　　　하지만 나는 찾을 수가 없었어요.

cough syrup," // the clerk explains. /
그 기침 물약을," 　　그 점원이 설명했다.

"So / I gave him a laxative / and told him // to take it / all at once."
"그래서 / 나는 그에게 한개의 설사제를 주었습니다. / 그리고 그에게 말했어요. // 그것을 먹으라고 / 한 번에 다,"

"Laxatives won't cure / a cough, // you idiot," // the owner shouts / angrily.
"설사제들은 치료할 수 없다고 / 하나의 기침을, // 너는 멍청이야." // 그 주인은 소리 질렀다. / 화가 나서

"Sure it will," // the clerk says, // pointing at the man / leaning on the wall.
"진짜, 그렇게 될거예요," // 그 점원이 말했다, // 그 남자를 가리키며 / 그 벽에 기대어 있는

"Look at him. // He's afraid / to cough."
"저 사람을 봐요. 　그는 두려워 하잖아요? 　기침하기를"

Listening & Reading Comprehension 듣기 및 독해

오디오를 듣고 스크립트를 공부한 내용을 확실하게 이해했는지 스스로 확인해 본다.

1 What did the drugstore owner see when he arrived at work?

    a. A very funny customer

    b. A man leaning against the wall

    c. The clerk arguing with a customer

2 What did the clerk give the man?

    a. Laxatives

    b. Cough medicine

    c. Cough syrup

3 Which of the following is true about the man leaning on the wall?

    a. He was constipated.

    b. He had a cold.

    c. He was drunk.

★ 리스닝, 리딩 테스트 정답 및 해석 ★

1 정답 B

약국 주인이 약국에 도착해서 본 것은? / 벽에 기대어 있는 남자

2 정답 A

약국 점원이 그 남자에게 준 것은? / 설사제

3 정답 B

다음 중 벽에 기대어 있던 사람에 대해서 맞는 것은? / 감기에 걸렸다.

Writing Practice 영작

단어와 숙어를 이용하여 영작해본다.

1 그녀는 서 있었다. / 벽에 등을 기대고

She was standing / against the wall.

2 내 친구들이 / 왔다. / 내 아파트로 / 한꺼번에

My friends / came / to my apartment / all at once.

3 나는 두렵다. / 만드는 것이 / 실수를

I am afraid / to make / a mistake.

4 나는 걱정된다. / 그가 오지 못할 까봐 / 당신의 파티에 / 오늘 밤

I am afraid / he can't make it / to your party / tonight.

5 나는 철회하지 않을 것이다. / 무슨 일이 일어난다 해도

I won't back out / no matter what happens.

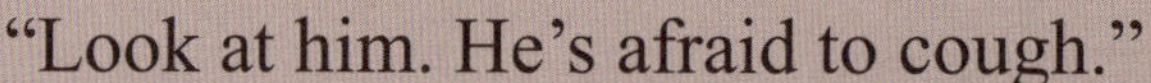

"Look at him. He's afraid to cough."

약국 점원이 준 설사제를 한꺼번에 다 먹은 후 기침을 하면 설사가 나올까 봐서 땀을 뻘뻘 흘리며 참고 있는 사람을 가리키며 설사제가 기침에 효과가 있다고 말하는 약국 점원의 황당한 주장이 이 조크의 핵심입니다.

9

X Marks the spot

X자 표시 장소

조크 일러스트레이션을 보고 오디오를 집중해서 들으면서 전체적인 내용을 짐작해 본다.

★ Take a look at the illustration and Listen carefully...

X Marks the spot

XX자 표시 장소

On a hot summer day in Florida, / two dumb retirees decided to rent a boat / and went fishing in the ocean / for their favorite sport.//
After fishing for a few hours / at various places around the ocean / with no luck at all, / they decided to try one more spot / before calling it a day.//

Suddenly, / their luck began to turn around / and the two caught enough fish / to fill their boat within half an hour.//

One guy couldn't contain his excitement and says, / "Hey, / we should mark this spot, / so next time / we'll know where to go."//

The other guy agrees enthusiastically. / "Great idea," / he says, / and takes out a can of spray paint / and draws a large X on the floor of the boat.//

The guy looks down at the mark and says, / "Why did you do that, / now anyone who rents this boat / will know where to fish."//

Key words & Idioms

★ dumb	멍청한	★ retiree	은퇴자
★ favorite	좋아하는	★ various	여러군데의, 다양한
★ no luck at all	운이 아주 나쁜		
★ call it a day	~을 그만 두기로 하다		
★ suddenly	갑자기	★ turn around	뒤바뀌다
★ fill	~을 채우다	★ half an hour	반 시간만에
★ excitement	흥분	★ contain	간직하다
★ mark	표시하다	★ spot	지점
★ enthusiastically	열렬하게	★ take out	~꺼내다

Reading Comprehension _독해

"영어 어순식 한국어 해석" 훈련법으로 내용을 완벽하게 이해한다.

On a hot summer day / in Florida, // two dumb retirees decided / to
어느 무더운 한 여름날에　　　플로리다에서,　두 명의 멍청한 은퇴자들은 결정했다.　빌리

rent / a boat // and went fishing / in the ocean // for their favorite
기로　하나의 보트를　그리고 낚시를 나갔다.　그 바다로　　　그들이 가장 좋아하는

sport.
스포츠를 위하여

After fishing for a few hours // at various places / around the ocean //
몇 시간 동안 낚시를 한 후에　　　여러 곳에서　　　그 바다 주변의

with no luck at all,
운이 전혀 없이

they decided / to try one more spot // before calling it a day.
그들은 결정했다.　한 지점 더 시도해 보는 것을　일(낚시)을 끝내기 전에

Suddenly, // their luck / began to turn around // and the two / caught
갑자기,　　　그들의 행운이　돌아오기 시작했다.　　　그리고 그 두 명은　충분한

enough fish // to fill their boat / within half an hour.
물고기를 낚았다.　그들의 보트에 가득 찰 정도로　30분 안에

One guy / couldn't contain / his excitement / and says, // "Hey, // we
한 남자는　참을 수 없었다.　　　그의 흥분을　　　그리고 말했다. "이봐,　우리

should mark / this spot, // so next time // we'll know / where to go."
는 표시를 해야겠어.　이 지점을　그래야 다음번에　우리가 알 수 있지.　어디로 갈지."

The other guy agrees / enthusiastically. // "Great idea," // he says,
그 다른 남자가 동의했다.　　　열렬하게　　　　　　기막힌 생각이야,　　그가 말했다.

// and takes out / a can of spray paint // and draws / a large X / on
그리고 꺼냈다.　　　　한 캔(통)의 스프레이 페인트를　그리고 그렸다.　하나의 커다란 x 자를

the floor / of the boat.
그 바닥 위에　　그 보트의

The guy looks down / at the mark / and says, // "Why did you do
그 남자가 내려다 보았다.　　　그 표시를　　그리고 말했다.　　"왜 그런 짓을 했어,

that, // now anyone / who rents this boat / will know / where to
　　　　이제 누구라도　　이 보트를 빌리는　　　　알게 될 텐데,　　어디서

fish."
낚시할지를"

Listening & Reading Comprehension 듣기 및 독해 

오디오를 듣고 스크립트를 공부한 내용을 확실하게 이해했는지 스스로 확인해 본다.

1 Which was the retirees' favorite hobby in the story?

    a. Surfing

    b. Boat racing

    c. Fishing

2 How did the retirees' luck turn around?

    a. They caught a fish which was as big as their boat.

    b. They caught a lot of fish in a short time.

    c. They fished out buried treasure.

3 Where did the retiree draw an X ?

    a. On the floor of the boat

    b. On the beach

    c. On the water

★ 리스닝, 리딩 테스트 정답 및 해석 ★

1 정답 C

위의 이야기에서 그 은퇴자들이 가장 좋아하는 취미는? / 낚시

2 정답 B

어떻게 그 은퇴자들에게 행운이 닥쳤나? / 순식간에 많은 물고기를 낚았다.

3 정답 A

그 은퇴자는 어디에 "X" 표시를 하였나? / 보트 바닥 위에

Writing Practice 영작

단어와 숙어를 이용하여 영작해본다.

1 그는 결정했다. / 하루의 일을 끝내기로 / 그가 몹시 피곤해졌을 때 / 낚시 때문에

He decided / to call it a day / when he was exhausted / from fishing.

2 그들은 결정했다. / 이사하기로 / 플로리다로 / 그들이 은퇴한 후에

They have decided / to move / to Florida / after they retired.

3 당신은 아십니까? / 어디에 / 전철역이 있는지?

Do you know / where / the subway station is?

4 당신은 아십니까? / 어떻게 낚시를 하는지 / 바다에서

Do you know / how to fish / in the ocean?

5 많은 사람들은 / 한국을 방문하는 / 알게 될 것이다. / 얼마나 빠른지 / 인터넷 속도가

Many people / who visit Korea / will know / how fast / the internet speed is.

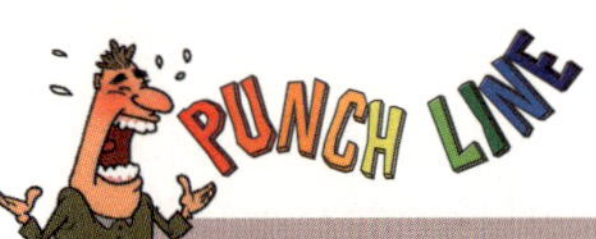

"Now anyone who rents this boat will know where to fish."

머리가 좀 모자란 두 바보에 대한 조크입니다. 한 남자가 물고기가 잘 나오는 바다 어느 지점에 표시한 것이 아니라 자기들이 타고 온 보트 바닥에 크게 x 표시를 하자, 옆의 남자는 한술 더 떠서 앞으로 이 보트를 빌리는 사람들이 어디에서 물고기가 잘 잡힐지 다 알게 될 거라고 불평하는 내용입니다.

10
Farting all the time

조크 일러스트레이션을 보고 오디오를 집중해서 들으면서 전체적인 내용을 짐작해 본다.

★ Take a look at the illustration and Listen carefully...

Farting all the time

시도 때도 없이 나오는 방귀

스크립트를 보면서 안 들렸던 부분을 확인 후 오디오를 다시 들어본다.

Make sure to check any words you missed!

Track 10

Doctor said, / "What seems to be the problem?"//

Patient, / "Doc, / I've got the farts. // I mean I fart all the time,"//

"My farts do not stink / and you can't hear them.//
It's just that I fart all the time. // Look, / we've been talking here / for about 10 minutes / and I've farted five times.//
You didn't hear them / and you don't smell them, / do you?"//
"Hmm," / says the Doctor.// He picks up his pad / and writes out a prescription.//

The patient is thrilled / "Great, doc.//
This prescription, / will it really clear up my farts?"//

"No,"/ sighs the Doctor, / "The prescription is to clear your sinuses.//
Next week / I want you back here / for a hearing test."//

Key words & Idioms

★ patient	환자	★ fart	방귀
★ all the time	항상	★ stink	악취가 나다
★ pick up	～을 집어들다	★ prescription	처방전
★ thrill	흥분해서 들뜨다	★ clear up	없애주다.
★ sigh	한숨 짓다.	★ sinuses	부비강(코속)
★ write out	정서하다, 자세히 쓰다	★ hearing test	청각 테스트

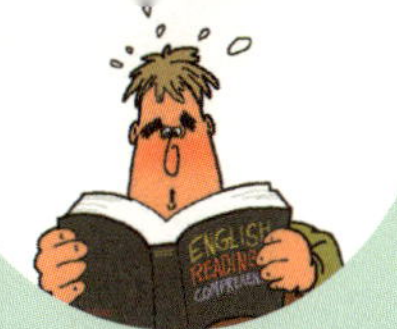

*Reading Comprehension*_독해

"영어 어순식 한국어 해석" 훈련법으로 내용을 완벽하게 이해한다.

Doctor said, // "What seems to be the problem?"
의사가 말했다.　　　무슨 문제가 있는 것 같습니까?

Patient said. // "Doc, // I've got the farts. // I mean / I fart /
환자가 말했다.　　　"의사선생님, 저는 그 방귀를 뀝니다.　내 뜻은　　전 방귀를 뀝니다.

all the time,"
항상(시도 때도 없이),"

"My farts / do not stink　// and you can't hear / them. // It's just /
"제 방귀는　　냄새도 안 나고　그리고 당신은 들을 수 없습니다. 그것들을(방귀를)　그저

that / I fart all the time.
(다음과 같이)　저는 항상 방귀를 뀝니다.

Look, // we've been talking here // for about 10 minutes // and I've
보십시오, 우리가 여기서 얘기를 하고 있었습니다.　약 10분 동안　　　그리고 전 방귀를

farted / five times.
계속 뀌었었습니다. 다섯 번이나

You didn't hear / them // and you don't smell / them, // do you?"
당신은 못 들었지요.　그것들을(방귀를)　그리고 당신은 냄새도 못 맡았습니다.　그것들을(방귀를)
그렇죠?"

"Hmm," // says the Doctor. // He picks up / his pad // and writes
"흐음,"　　그 의사가 말했다.　　　그는 집어 들었다.　그의 패드를　그리고 자세히

out / a prescription.
썼다.　하나의 처방전을

The patient is thrilled // "Great, doc! // This prescription, /
그 환자는 감격에 들떴다.　　　"훌륭하십니다, 의사 선생님!　　이 처방이

will it really clear up / my farts?"
깨끗이 해결해 주겠죠 ?　　제 방귀를"

"No," //　sighs the Doctor, // "The prescription / is to clear /
"아닙니다," 그 의사는 한숨을 쉬며,　"그 처방은　　　　　치료하는 것입니다.

your sinuses.
당신의 부비강 (콧속에 냄새를 맡는 기관)을

Next week // I want / you / back here / for a hearing test."
다음 주에는　나는 바랍니다. 당신이　여기(병원)로 다시오길　청각 테스트를 받으러"

Listening & Reading Comprehension 듣기 및 독해 

오디오를 듣고 스크립트를 공부한 내용을 확실하게 이해했는지 스스로 확인해 본다.

1 Which of the following was not true about the man's farts?

  a. His farts never smell.

  b. His farts are loud enough.

  c. His farts are smelly.

2 How often did the patient fart while he was talking with the doctor?

  a. About every two minutes

  b. About every 10 minutes

  c. About every 5 minutes

3 What kinds of problems does the patient have?

  a. Hearing problem

  b. Losing his sense of Smell

  c. Both

★ 리스닝, 리딩 테스트 정답 및 해석 ★

1 정답 A

다음 중 그 남자의 방귀에 관한 사실 중 틀린 것은? / 그의 방귀는 전혀 냄새가 안 난다.

2 정답 A

그 남자는 의사와 상담하면서 얼마나 자주 방귀를 뀌었나? / 약 2분에 한 번씩

3 정답 C

이 환자는 어떤 문제가 있나? / 둘 다

단어와 숙어를 이용하여 영작해본다.

1 무슨 문제가 있는 것 같습니까?

What seems to be the trouble?

2 그는 늦는다. / 항상

He is late / all the time.

3 얼마나 오래 / 당신은 되었나요? / 결혼한 지

How long / have you been / married?

4 나는 계속해서 살고 있다. / 여기에서 / 내가 뉴욕을 떠난 이후에

I have been living / here / since I left New York.

5 너는 싫어하지 / 그 여자를 / 그렇지?

You don't like / her, / do you?

6 그 종이 좀 집어 줄래?

Can you pick up the paper?

"The prescription is to clear your sinuses. Next week I want you back here for a hearing test."

이 환자는 냄새가 지독한 방귀를 시도 때도 없이 뀌는데 후각과 청각에 문제가 있어서 자기 방귀는 냄새도 안 나고 소리도 안 난다고 착각하고 있다는 조크입니다.

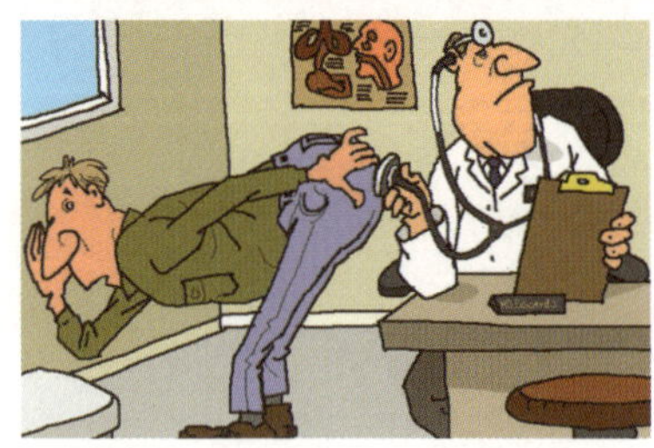

11

You're not
in the swimming pool!

조크 일러스트레이션을 보고 오디오를 집중해서 들으면서 전체적인 내용을 짐작해 본다.

★ Take a look at the illustration and Listen carefully...

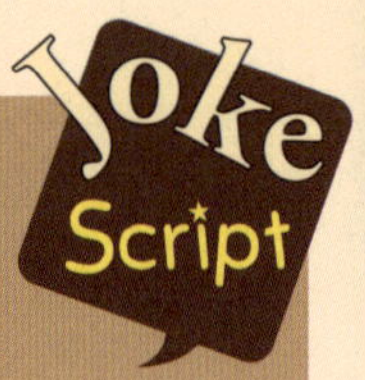

You're not in the swimming pool!

년 지금 수영장에 있는 게 아니잖아!

스크립트를 보면서 안 들렸던 부분을 확인 후 오디오를 다시 들어본다.

Make sure to check any words you missed!

In Africa, / two young British missionaries got lost while traveling / and are kidnapped by a tribe of desperately starving cannibals / who put them in a large pot of water, / built a huge fire under it, / and wait to eat them for dinner.//

A few minutes later, / one of the missionaries starts to chuckle uncontrollably / and can't stop it.// The other missionary can't believe it!//

He says, / "What's wrong with you? / We're now being boiled alive!//

They're gonna eat us soon!//

What could possibly be funny at this time / without praying to God for help.//

God will get angry / when we get to Heaven."//

The other missionary says, / "Their soup is gonna taste very salty / because I just peed in the soup."//

" Oh Jesus, / you are not in the swimming pool."//

Key words & Idioms

★ British	영국의	★ missionary	선교사
★ kidnap	납치하다	★ desperately	절망적으로, 필사적으로
★ starving	배가 아주 고픈, 가아 상태의	★ build a fire	불을 펴다
★ chuckle	낄낄거리다	★ uncontrollably	참을 수 없을 정도로
★ being boiled alive	산 채로 삶아지다	★ salty	짠
★ pee	소변을 보다		

*Reading Comprehension*_독해

"영어 어순식 한국어 해석" 훈련법으로 내용을 완벽하게 이해한다.

In Africa, // two young British missionaries / got lost / while traveling //
아프리카에서,　　　　　두 젊은 영국 선교사가　　　　　길을 잃었다.　　　여행 중에

and are kidnapped / by a tribe / of desperately starving cannibals //
그리고 납치 되었다.　　　　한 부족에게　　몹시 굶주린 식인종들인

who put them in / a large pot of water, // built a huge fire under it, //
그들(선교사들)을 안에 넣고　　큰 가마솥 물　　　　　그 밑에 큰 불을 지핀

and wait to eat / them / for dinner.
그리고 먹으려고 기다리고 있다.　그들을　저녁 식사로

A few minutes later, // one / of the missionaries / starts to chuckle/
한 몇 분 후에,　　　　　　한 명이　그 선교사들(중에)　　　키득거리기 시작했다.

uncontrollably // and can't stop it. // The other missionary /
주체할 수 없이　　그리고 그것을 (웃음을) 멈추질 못했다.　그 다른 선교사는

can't believe / it!
믿을 수가 없었다. 그것을

He says, // "What's wrong with you? // We're now being boiled /
그가 말한다.　"넌 뭐가 잘못된 거야?"　　　　우리는 지금 삶아지고 있는데

alive!
살아있는 채로!

They're gonna eat us / soon!
그들이 우리를 먹을거야!　　　곧

What could possibly / be funny / at this time // without praying to
무엇 때문에 그렇게　　　재미가 있어졌어, 지금 이 순간에　　　하느님께 기도는 안 하고

God / for help.
도와 달라고

God will get angry // when we get to Heaven."
하느님이 화내실 거야.　　우리가 천국에 갔을 때"

The other missionary says, // "Their soup / is gonna taste very salty
그 다른 선교사가 말했다.　　　"쟤네들의 수프는　맛이 굉장히 짤 거야!

// because / I just peed / in the soup."
왜냐면,　　내가 방금 오줌을 쌌거든　그 수프 안에"

"Oh Jesus, // you are not / in the swimming pool."
"오 주여,　　　너는 있지 않다고.　　　그 수영장 안에"

# Listening & Reading Comprehension 듣기 및 독해 

오디오를 듣고 스크립트를 공부한 내용을 확실하게 이해했는지 스스로 확인해 본다.

1 What is happening to the missionaries?

    a. They are being boiled alive.

    b. They are being baked on fire woods

    c. They are being tied and hung on a tree.

2 What was the missionary laughing about?

    a. He remembered a funny joke.

    b. The cannibals look funny.

    c. He knew that the cannibals are going to eat the soup in which he peed

3 Which of the following is not true about the missionaries?

    a. They were kidnapped by a tribe of starving cannibals.

    b. They are about to be eaten by the tribe.

    c. They are going to have soup for dinner.

★ 리스닝, 리딩 테스트 정답 및 해석 ★

1 정답 A

선교사들에게 무슨 일이 일어났나? / 산 채로 삶아지고 있다.

2 정답 C

그 선교사는 무엇 때문에 낄낄 대고 웃었나? /
식인종들이 자기가 오줌 눈 수프를 먹을 생각을 했기 때문에

3 정답 C

다음 중 선교사들에 관한 내용중 틀린 것은? / 그들은 저녁식사로 수프를 먹을 것이다.

Writing Practice 영작

단어와 숙어를 이용하여 영작해본다.

1 우리는 거의 길을 잃을 뻔했다. / 울창한 숲속에서

We almost got lost / in the thick forest.

2 다행히도 / 그 어린 소년은 / 유괴범에게 납치되었던 / 아직 살아있다.

Fortunately, / the little boy / kidnapped by an abductor /

has been still alive.

3 당신은 불을 지필 수 있습니까? / 나무에

Can you build a fire / on woods?

4 잠시 후, / 한 선교사가 깼다. / 소음 때문에

A few minutes later, / one of the missionaries woke up / from the noise.

5 대부분의 음식들은 / 그 식당의 / 내가 먹기엔 너무 짜다.

Most of foods / in the restaurant / are too salty for me to eat.

" Oh Jesus, you are not in the swimming pool."

수영장 가서 오줌 누는 버릇이 얼마나 심하면 자기들을 삶고 있는 끓는 물 속에서까지 그 버릇을 못 고치는 남자를 소재로 한 조크입니다.

12
Imaginary cat

조크 일러스트레이션을 보고 오디오를 집중해서 들으면서 전체적인 내용을 짐작해 본다.

★ Take a look at the illustration and Listen carefully...

Imaginary cat

상상속의 고양이

스크립트를 보면서 안 들렸던 부분을 확인 후 오디오를 다시 들어본다.

Make sure to check any words you missed!

Mrs. Brandon was walking down the street / one day / carrying a small box / with holes punched in the top.//

"What's in that box?" / Mrs. Robinson asked.//

"A cat," / Mrs. Brandon answered.//

"What for?"//

"I've been dreaming about mice at night, / and I'm scared of mice.// This cat will catch them."//

"But the mice you dream about are imaginary," / said Mrs. Robinson.//

Mrs. Brandon turned to her friend / and whispered, / "So is the cat."//

Key words & Idioms

* imaginary   상상의
* holes punched   구멍이 여러개 뚫린
* mice   쥐(mouse)의 복수
* be scared of   ~을 무서워하다
* whisper   속삭이다

Reading Comprehension _독해

"영어 어순식 한국어 해석" 훈련법으로 내용을 완벽하게 이해한다.

Mrs. Brandon / was walking down the street // one day // carrying a
브랜든 부인이　　　그 길을 걸어내려 가고 있었다.　　　어느 날　　한 개의 작은

small box // with holes punched / in the top.
상자를 들고　　구멍이 여러 개 뚫린　　그 위쪽에

"What's in that box?" // Mrs. Robinson asked.
무엇이 상자 안에 있나요?　　로빈슨 부인이 물었다.

"A cat," // Mrs. Brandon answered.
한 마리의 고양이요.　브랜든 부인이 대답하였다.

"What for?"
무엇에 쓸려구요?

"I've been dreaming / about mice / at night, // and I'm scared of / mice.
난 꿈을 계속 꾸고 있는데 쥐들에 관한　　밤에　　　그리고 난 무서워해요.　쥐들을

This cat / will catch them."
이 고양이가　그(쥐)들을 잡을 거예요.

"But the mice / you dream about / are imaginary," // said Mrs. Robinson.
하지만 그 쥐들은　당신 꿈속에 나오는　상상이잖아요.　　로빈슨 부인이 말했다.

Mrs. Brandon / turned to her friend // and whispered, // "So is the cat."
브랜든 부인은　　그녀의 친구를 돌아다보았다.　그리고 속삭였다.　이 고양이도 그래요.
（상상 속의 고양이에요）

Listening & Reading Comprehension 듣기 및 독해 

오디오를 듣고 스크립트를 공부한 내용을 확실하게 이해했는지 스스로 확인해 본다.

1 Which of the following is not true about the box Mrs. Robinson was carrying?

    a. There was a cat inside it.

    b. It had holes on the top.

    c. It was small enough to carry

2 Why is Mrs. Robinson scared of mice?

    a. Her house was infested with mice.

    b. She was having dreams about them.

    c. She was bitten by a mouse one time.

3 Which of the following is not imaginary?

    a. The cat

    b. The mouse

    c. The small Box

★ 리스닝, 리딩 테스트 정답 및 해석 ★

1 정답 A

다음 중 로빈슨 부인이 들고 있었던 상자에 관한 내용 중 틀린 것은 ? / 상자 안에 고양이 한 마리가 들어 있었다.

2 정답 B

로빈슨 부인은 왜 쥐들을 무서워 하나? / 꿈에 자꾸 나타나서

3 정답 C

다음 중 상상속에 나타나는 것이 아닌 것은? / 그 작은 상자

Writing Practice 영작

단어와 숙어를 이용하여 영작해본다.

1 그 연장은 무엇에 쓰는 것입니까?

What is the tool for?

2 그 길로 똑 바로 가십시요 / 당신이 볼 때까지 / 우체국을 / 당신의 왼쪽에 있는

Walk straight down the street / until you see / the post office / on your left.

3 어느 날 , 나는 꿈을 꾸었다. / 내가 물고기로 변해 있는

One day I dreamt / I had turned into a fish.

4 나는 계속 악몽들을 꾸고 있다. / 지난주 동안

I've been having nightmares / for the past week.

5 나는 무서워 한다. / 문신을 많이 한 사람을

I'm scared / of people with lots of tattoos.

" So is the cat."

꿈에 나오는 상상 속의 쥐를 잡기 위해 상상속의 고양이를 빈 상자에 담아 데려오는 엉뚱한 부인에 대한 조크입니다.

13
Living Will

존엄사를 위한 유언

조크 일러스트레이션을 보고 오디오를 집중해서 들으면서 전체적인 내용을 짐작해 본다.
★ Take a look at the illustration and Listen carefully...

Living Will
존엄사를 위한 유언

스크립트를 보면서 안 들렸던 부분을 확인 후 오디오를 다시 들어본다.
Make sure to check any words you missed!

Last night, / my wife and I were sitting in the living room / and I said to her./

"Honey, / I never want to live in a vegetative state / dependent on some machine and fluids from a bottle.//

If that ever happens, / just pull the plug, okay?"//

She nodded, / got up, / unplugged the TV / and then threw out my beer.//

Key words & Idioms

★ living will	존엄사을 위한 유언	★ vegetative	식물인간의
★ dependent on	~에 의지해서	★ fluid	액체
★ nod	고개를 끄덕이다	★ unplug	플러그를 뽑다
★ throw out	내던져 버리다		

*Reading Comprehension*_독해

"영어 어순식 한국어 해석" 훈련법으로 내용을 완벽하게 이해한다.

Last night, // my wife and I / were sitting / in the living room // and
어젯밤,　　　　　내 아내와 나는　　　앉아 있었다.　　　그 거실에　　　　　　그리고

I said / to her.
나는 말했다.　그녀에게

"Honey, // I never want to live / in a vegetative state // dependent on
"여보,　　　　나는 결코 살고 싶지 않소.　하나의 식물인간 상태로　　　의지해서

/ some machine / and fluids / from a bottle.
　어떤 기계 장치에　　그리고 액체들로　하나의 병으로부터 (나오는)

If that ever happens, // just pull / the plug, / okay?"
만약 그일이 혹시 일어나면,　그냥 뽑아 주시오. 그 플러그(생명장치)를,　알겠소?"

She nodded, // got up, // unplugged the TV // and then / threw out
그녀는 고개를 끄덕이고 , 일어나서,　그 TV 스위치를 뽑았다.　　그리고는　　내다 버렸다.

/ my beer.
　내 맥주를

# Listening & Reading Comprehension 듣기 및 독해 

오디오를 듣고 스크립트를 공부한 내용을 확실하게 이해했는지 스스로 확인해 본다.

1 What does the husband never want to do in his life?

   a. Watch TV

   b. Live in a vegetative state

   c. Drink beer

2 What was the husband talking about to his wife?

   a. That he would never want to live on the life support.

   b. That he can't live without drinking beer and watching TV.

   c. That he is willing to live as a vegetable if he could drink beer and watch TV

3 Why did his wife unplug the TV and threw out his beer?

   a. She believed her husband was already living like a vegetable.

   b. She didn't like what was on TV.

   c. She liked wine better than beer.

★ 리스닝, 리딩 테스트 정답 및 해석 ★

1 정답 B

그 남편이 살아있는 동안 절대로 하고 싶지 않은 것은? / 식물인간으로 사는 것

2 정답 A

남편은 아내에게 무슨 말을 하고 있나? / 절대로 생명 유지 장치에 의지해서 살고 싶지 않다는 것

3 정답 A

아내는 왜 TV 코드를 뽑고 맥주를 내다 버렸나? /
현재 남편의 상태는 이미 식물인간과 다를 것이 없다고 생각했기 때문에

Writing Practice 영작

단어와 숙어를 이용하여 영작해본다.

1 나는 게임을 하고 있었다. / 나의 스마트 폰에 있는 / 내 아내가 보고 있는 동안 / 시트콤을 / TV에서 나오는

I am playing a game / on my smartphone / while my wife is watching /a sitcom / on TV.

2 나는 의지하고 싶지 않다. / 나의 부모님에게 / 더 이상

I don't want to be dependent on / my parents / anymore.

3 혹시 나한테 무슨 일이 일어나면 / 내 아내에게 말하지 마세요.

If anything happens to me, / please don't tell my wife.

4 당신은 컴퓨터의 플러그를 뽑아놓아야 합니다. / 식히려면 / 잠깐

You should unplug the computer / to stay cool / for a while.

5 누가 버렸나? / 이 모든 맥주병을 / 여기 이 산에

Who threw out / all these beer bottles / here in the mountain?

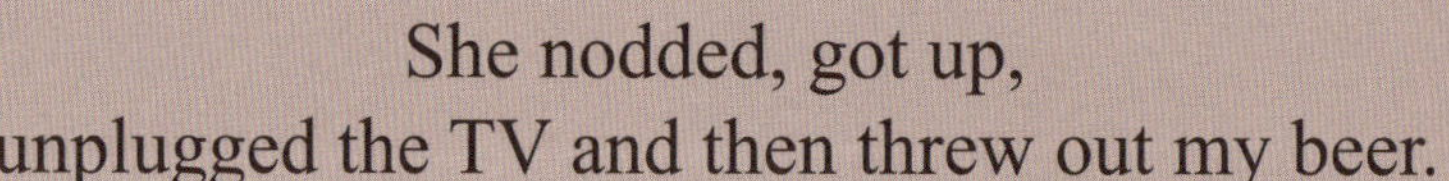

She nodded, got up,
unplugged the TV and then threw out my beer.

할머니가 보기에 할아버지는 지금 현재 식물인간과 다를 것이 없다는 얘기이죠. 할아버지에겐 TV가 생명장치이고 맥주는 영양주사와 같다는 우스운 비유입니다.

14

Adam ate apple again.

아담, 또다시 사과를 받아먹다.

조크 일러스트레이션을 보고 오디오를 집중해서 들으면서 전체적인 내용을 짐작해 본다.

★ Take a look at the illustration and Listen carefully...

Adam ate apple again.
아담, 또다시 사과를 받아먹다.

A woman and a man / are involved in a car accident.// It's a bad one, / caused by the woman's reckless driving.//

Both of their cars are demolished / but amazingly / neither of them are hurt.//

After they crawl out of their cars, / the woman says, /

"So you're a man.// That's interesting.// I'm a woman. / Wow, / just look at our cars!//

There's nothing left, / but fortunately we are unhurt. / This must be a sign from God / that we should meet and be friends / and live together in peace / for the rest of our days."//

The man replied, / "I agree with you completely.// This must be a sign from God!"//

The woman continued, / "And look at this, / here's another miracle.//

My car is completely demolished, / but this bottle of wine didn't break.//

Surely God wants us to drink this wine / and celebrate our good fortune."//

Then she hands the bottle to the man.//

The man nods his head in agreement, / opens it, / drinks half the bottle / and then hands it back to the woman.//

The woman takes the bottle, / immediately puts the cap back on, / and hands it back to the man.//

And the man asks, / "Aren't you having any?" / She replies, / "Nah. / I think I'll just wait for the police to come / and collect their evidence."//

Adam ate the apple again!//

Key words & Idioms

★ be involved in	~에 연루되다	★ reckless	무모한, 난폭한
★ demolish	대파되다	★ amazingly	놀랍게도
★ neither of them	그중에 그 어느 것도 ~이 아니다		
★ crawl out	기어나오다	★ fortunately	다행스럽게도
★ unhurt	안 다치다	★ in peace	평화롭게
★ completely	완전하게	★ miracle	기적
★ celebrate	축하하다	★ nod	고개를 끄덕이다
★ hand back	되돌려주다	★ immediately	곧 바로
★ collect	~을 모으다	★ evidence	증거

Reading Comprehension_독해

A woman and a man // are involved / in a car accident. // It's a bad
한 여자와 한 남자가　　　연루되었다.　　한 자동차 사고에　　그것은 하나의 안

one, // caused / by the woman's reckless driving.
좋은 사고였다.　야기된　　그 여자의 난폭 운전으로 인해

Both of their cars / are demolished // but amazingly // neither of
그들의 차는 둘 다　　대파되었다.　　　하지만 놀랍게도

them are hurt.
그들 중 아무도 다치지 않았다.

After they crawl out of / their cars, // the woman says, //
그들이 밖으로 기어나온 후에　그들의 차에서,　그 여자가 말했다.

"So / you're a man. // That's interesting. //
그리고 보니　당신은 한 명의 남자군요.　그것 참 흥미롭네요.

I'm a woman. // Wow, // just look at / our cars!
나는 한 명의 여자이고.　와우,　보세요!　　우리들의 차들을

There's nothing left, // but fortunately / we are unhurt.
아무것도 남은 게 없어요,　　하지만 다행히도　우리는 안 다쳤어요.

This must be a sign / from God // that / we should meet / and be
이것은 틀림없는 하나의 암시예요.　신으로부터 온 // (다음과 같이) 우리가 만나서　그리고

friends // and live together / in peace // for the rest of our days."
친구가 되고　　그리고 함께 살고　평화롭게　　그 나머지 우리들의 날들을 위해

The man replied, // "I agree / with you / completely.
그 남자가 대답했다.　　　　"저도 동의합니다. / 당신 말에 / 완전히

This must be a sign / from God!"
이것은 틀림없이 하나의 암시예요. / 신으로부터 온!

The woman / continued, // "And look at this, // here's / another
그 여자는　　　　계속 이어갔다.　　그리고 이것 좀 보세요,　　여기에　　또 다른

miracle!
기적이 있어요!

My car / is completely demolished, // but, this bottle of wine / didn't
내 차는　　완전히 부서졌는데,　　　　　　　하지만, 이 한 병의 와인은　　깨지지

break.
않았어요.

Surely God wants / us / to drink / this wine // and celebrate / our
분명히 신은 원해요.　우리에게　마시기를　이 와인을　　　그리고 축하하라는　우리의

good fortune." // Then / she hands / the bottle / to the man.
행운을　　　　　그러면서　그녀는 건네 주었다. / 그 술병을 / 그 남자에게

The man nods / his head / in agreement, // opens it, drinks / half
그 남자는 끄덕였다.　그의 머리를　동의하며,　　　　그것(와인)을 열어서,마셨다.

the bottle // and then / hands it back / to the woman.
그 반 병을　　그리고는　　그것을 다시 건네줬다.　그 여자에게

The woman takes / the bottle, // immediately / puts the cap back
그 여자는 받아서 그 병을, 곧바로 그 마개를 다시 막았다.

on, // and hands it back / to the man.
그리고 다시 그것을 건네줬다. / 그 남자에게

And the man asks, // "Aren't you having any?"
그러자 그 남자가 물었다, 당신은 전혀 안 마실거요?

She replies, // "Nah. // I think / I'll just wait / for the police to come
그녀가 대답했다. 아니요. 내 생각엔 나는 그냥 기다릴거에요. / (그) 경찰이 오기를

// and collect / their evidence."
그리고 수집하기를 그들의 증거를.

Adam ate / the apple / again!
아담은 먹고 말았다! / 그(에덴동산의) 사과를 / 또 다시

Listening & Reading Comprehension 듣기 및 독해 

오디오를 듣고 스크립트를 공부한 내용을 확실하게 이해했는지 스스로 확인해 본다.

1 What was the first miracle that the woman claimed?

    a. Both drivers didn't get hurt.

    b. Their cars were demolished.

    c. They were man and woman.

2 What was the second miracle that she said?

    a. The bottle of a wine didn't break.

    b. God saved their lives.

    c. They had enough wine to drink.

3 Why didn't the woman drink the wine?

    a. She doesn't like to drink wine.

    b. The man wanted to drink more.

    c. To lead the accident caused by the man's drunken driving.

★ **리스닝, 리딩 테스트 정답 및 해석** ★

1 정답 A

여자가 주장한 최초의 기적은 무엇인가? / 두 사람 모두 하나도 다치지 않은 것

2 정답 A

여자가 말한 두 번째 기적은? / 와인 병이 깨지지 않은 것

3 정답 C

여자가 와인을 마시지 않은 이유는? / 남자의 음주 운전으로 인한 사고로 몰고 가기 위하여

Writing Practice 영작   단어와 숙어를 이용하여 영작해본다.

1 몇 대의 차가 연관되었습니까? / 그 사고에

How many vehicles were involved / in the accident?

2 그 불도저가 허물고 있다. / 그 버려졌던 빌딩을

The bulldozer demolished / the abandoned building.

3 여행객 중 아무도 부상을 당하지 않았다.

Neither of the tourists was wounded.

4 아무 것도 없다. / 먹을 것이

There is nothing / to eat.

5 건네주시겠어요? / 저에게 / 그 후추병을

Could you hand / me / the pepper shaker?

"Nah. I think I'll just wait for the police to come and collect their evidence."

에덴동산에서 아담이 이브의 꾐에 넘어가 사과를 받아먹었던 것처럼, 여자의 술수에 넘어간 남자가 음주 운전으로 사고 책임을 몽땅 뒤집어쓴다는 조크입니다. 경찰이 오는 대로 와인을 반병이나 들이킨 이 남자는 음주 운전 혐의 DWI (Driving while intoxicated)로 체포되겠지요? 음주 운전 테스트를 Sobriety Test 라고 합니다.

15

Need a new cuckoo clock!

뻐꾸기 시계를 새로 사야겠어!

조크 일러스트레이션을 보고 오디오를 집중해서 들으면서 전체적인 내용을 짐작해 본다.

★ Take a look at the illustration and Listen carefully...

Need a new cuckoo clock
뻐꾸기시계를 새로 사야겠어!

스크립트를 보면서 안 들렸던 부분을 확인 후 오디오를 다시 들어본다.
Make sure to check any words you missed!

The other night / I was invited out for a night / with the girls.//

I promised my husband / that I would be home by midnight.//

Well, / the hours passed / and the margaritas went down / way too easy.// Just before 3 a.m., / a bit loaded,/ I headed home.//

Just as I got in the door, / the cuckoo clock in the hall started up / and cuckooed three times.//

Quickly realizing my husband would probably wake up, / I cuckooed another nine times.//

I was really proud of myself / for coming up with such a quick-witted solution / (even when totally smashed) / in order to escape a possible conflict with him.//

The next morning / my husband asked me / what time I got in / and I told him / "Midnight."//

He didn't seem pissed off at all.//

Whew! / Got away with that one!//

And then he said, / "We need a new cuckoo clock."//

When I asked him why, / he said,//

"Well, / last night / our clock cuckooed three times," / then said, /

"Oh shit," / cuckooed four more times,/ cleared its throat, / cuckooed another three times, / giggled, / cuckooed twice more, / and then tripped over the coffee table / and moaned, / "Ouch!"//

Key words & Idioms

★ cuckoo clock	뻐꾸기 시계	★ margarita	칵테일의 한 종류
★ loaded	거나하게 취할 정도로 마신	★ head	～로 향하다
★ be proud of oneself	～가 자랑 스럽다	★ solution	해결책
★ quick-witted	기지가 넘치는	★ escape	탈출하다
★ smashed	고주망태가 된	★ piss off	화가 나다, 짜증나다
★ conflict	충돌	★ giggle	낄낄 웃다
★ get away with	～을 빠져 나가다	★ moan	신음하다
★ trip over	～에 걸려 넘어지다		

*Reading Comprehension*_독해

The other night // I was invited / out for a night // with the girls.
그 전날 밤에,　　　　　나는 초대 받았다.　하룻밤 외출(모임)에　　그 여자들과 함께

I promised / my husband // that / I would be home / by midnight.
나는 약속했다.　내 남편에게　　(다음과 같이)　나는 집에 올 거라고　자정까지

Well, // the hours passed // and the margaritas / went down / way
글쎄 그런데,　　그 시간(자정-약속한 시간)은 지나갔고 // 그리고 그 마그리타는 / 내려 가는지(목구

too easy.
멍으로) / 너무 쉽게

Just before 3 a.m., // a bit loaded, // I headed / home.
새벽 3시 직전에서야.,　　　조금 취해서,　　　나는 향했다.　집으로

Just as I got in the door, // the cuckoo clock / in the hall / started up
막 그 문 안으로 들어왔는데,　　　그 뻐꾸기시계가　　　그 홀 안에 있는　시작했다.

// and cuckooed / three times.
그리고 뻐꾸기 소리를 냈다. / 세 번에 걸쳐

Quickly realizing / my husband / would probably / wake up, //
바로 알아차렸다.　　　내 남편이　　　혹시라도 모른다고　　잠에서 깰지도,

I cuckooed / another nine times.
나는 뻐꾸기 소리를 냈다. / 아홉 번이나 더

I was really proud / of myself // for coming up with / such a quick-
나는 정말 자랑스러웠다.　　나 자신이　　　찾아낸 것에 대해　　　그런 약삭빠른 해결

witted solution // (even when totally smashed) // in order to escape
책을　　　　　　　(심지어 그런 고주망태 상태에서도)　　　　벗어나기 위해

/ a possible conflict / with him.
하나의 가능한 충돌에서　　그(남편)와

The next morning // my husband / asked me // what time I got in //
그 다음 날 아침　　　　내 남편이　　　나에게 물었다.　몇 시에 내가 들어왔느냐고

and I told him // “Midnight.”
그리하여 나는 말했다. “밤 열두 시(자정).”

He didn’t seem pissed off / at all.
그는 화가 난 것처럼 보이지 않았다.　전혀

Whew! // Got away with / that one!
휴!,　　　모면했구나!　　　그것을 (남편과의 충돌을)

And then he said, // “We need / a new cuckoo clock.”
그리고는 그(남편)가 말했다. “우리는 필요해. 하나의 새로운 뻐꾸기시계가”

When I asked him / why, // he said, //
내가 남편에게 물었을 때　왜냐고,　그가 말했다.

“Well, // last night // our clock / cuckooed three times,” // then said, //
“글쎄 말이야, 어제 밤에　우리 시계가　세 번을 울었어,　　　　　그리고는 말하길,

"Oh shit," // cuckooed four more times, // cleared its throat, // cuck-
이런 제기랄,"　네 번을 더 울고,　　　　　　　목을 가다듬더니,　세 번을

ooed another three times, // giggled, // cuckooed twice more, //
더 울더라고,　　　　　　　껄껄거리고,　두 번을 더 울고,

and then tripped over / the coffee table / and moaned, // "Ouch!"
그리고는 걸려 넘어졌어　　그 커피 테이블에　그리고 신음하듯 말했어, "아야!"

Listening & Reading Comprehension 듣기 및 독해 

오디오를 듣고 스크립트를 공부한 내용을 확실하게 이해했는지 스스로 확인해 본다.

1 Which of the following is not true in the story?

a. The wife got home at 3 AM.

b. The wife told her husband she would be back by midnight.

c. The wife went out to date another man that night.

2 What time did the wife pretend to be home at?

a. 12 AM

b. 3 AM

c. 3 PM

3 Which of the following is true about the husband?

a. He already knew what time his wife got home.

b. He thought the clock was broken.

c. He dreamed that somebody broke into the house.

★ 리스닝, 리딩 테스트 정답 및 해석 ★

1 정답 C
위에 나온 이야기 중 사실과 다른 내용은? / 그녀는 그날 밤 다른 남자를 만나기 위해 나갔다.

2 정답 A
그녀는 몇 시에 들어온 척했나? / 밤 12시

3 정답 A
남편에 관한 내용 중 맞는 것은? / 그는 아내가 몇 시에 집에 들어왔는지 이미 알고 있었다.

Writing Practice 영작   단어와 숙어를 이용하여 영작해본다.

1 나는 약속 했다./ 나의 아내한테 /집에 들어오겠다고/ 10시 전까지

I promised / my wife / I would be home / before 10 p.m.

2 그 자명종이/ 내 방에 있는 / 갑자기 / 울리기 시작했다.

The alarm clock / in my room / suddenly / started to ring.

3 당신은 어디로 향하고 있습니까? / 나는 돌아갈 겁니다. / 나의 사무실로

Where are you headed? / I am heading back to my office.

4 나는 노력했다. / 피하려고 / 가능한 하나의 갈등을 / 아내와

I tried / to avoid / a possible conflict / with my wife.

5 나는 그 돌에 걸려 넘어졌다. / 그 산길을 하이킹하다가

I tripped over the rock / while hiking the trail.

"We need a new cuckoo clock."

남편은 아내가 몇 시에 들어왔는지 다 알면서도 시
치미를 뚝 떼고 마치 지난밤에 뻐꾸기 시계가 모든
소리를 낸 것처럼 너스레를 떨고 있는 조크입니다.

16
Need to outrun you!

너보다 빨리 달리면 돼!

조크 일러스트레이션을 보고 오디오를 집중해서 들으면서 전체적인 내용을 짐작해 본다.

★ Take a look at the illustration and Listen carefully...

Need to outrun you
너보다 빨리 달리면 돼!

스크립트를 보면서 안 들렸던 부분을 확인 후 오디오를 다시 들어본다.
Make sure to check any words you missed!

Track 16

Two campers are walking through the woods / when a huge brown bear suddenly appears / in the clearing about 50 feet in front of them.//

The bear sees the campers / and begins to head toward them.//

The first guy drops his backpack, / takes out a pair of sneakers, / and frantically begins to put them on.//

The second guy says, / "What are you doing? / Sneakers won't help you outrun that bear."//

"I don't need to outrun the bear," / the first guy says.//
"I just need to outrun you."//

Key words & Idioms

★ huge	거대한	★ suddenly	갑자기
★ appear	나타나다	★ in front of	의 앞에
★ take out	~을 꺼내다	★ sneakers	운동화
★ frantically	황급하게	★ outrun	~보다 더 빨리 달리다

*Reading Comprehension*_독해

"영어 어순식 한국어 해석" 훈련법으로 내용을 완벽하게 이해한다.

Two campers / are walking through / the woods　// when a huge
두 캠핑족이　　　걷고 있었다.　　　　그 나무 숲을　　한 마리의 커다란

brown bear / suddenly appears // in the clearing / about 50 feet /
갈색 곰이　　갑자기 나타났을 때　분명하게 알아볼 수 있는　50피트 정도 거리로

in front of them.
그들 앞에

The bear sees / the campers // and begins to head / toward them.
그 곰이 보았다.　　그 두 캠핑족을　그리고 향하여 오기 시작했다.　그들 쪽으로

The first guy / drops his backpack, // takes out / a pair of sneakers,
그 첫 번째 친구가　그의 배낭을 내려놓고,　꺼냈다.　한 켤레의 운동화를,

// and frantically begins / to put them on.
　그리고 정신없이 시작했다.　　그것들을(운동화를) 신기를

The second guy says, // "What are you doing? // Sneakers won't
그 두 번째 친구가 말했다.　　지금 너 뭐 하고 있는 거야?　운동화들은 널 도와주지

help you / outrun / that bear."
않을 거야.　더 빨리 달리도록 / 그 곰보다!

"I don't need / to outrun / the bear," // the first guy says.
나는 필요가 없어. / 더 빨리 달릴 / 그 곰보다　그 첫 번째 친구가 말했다.

"I just need / to outrun / you."
나는 단지 필요가 있어. / 더 빨리 달릴 / 너 보다

Listening & Reading Comprehension 듣기 및 독해 

오디오를 듣고 스크립트를 공부한 내용을 확실하게 이해했는지 스스로 확인해 본다.

1 What was the bear doing when it saw the campers?

   a. It was heading back to the forest.

   b. It was approaching the campers.

   c. It was climbing on the tree.

2 What did the first guy do when he saw the bear?

   a. He played dead.

   b. He was putting on his sneakers.

   c. He threw some food at the bear.

3 How did the first guy plan on surviving the bear encounter?

   a. Running faster than his friend.

   b. Throwing his backpack to the bear.

   c. Threatening the bear with his sneakers.

★ **리스닝, 리딩 테스트** 정답 및 해석 ★

1 정답 B

야영객들을 보고 곰은 어떻게 하고 있었나? / 그들을 향해 다가왔다.

2 정답 B

곰을 보자, 첫 번째 남자는 어떻게 했나? / 운동화로 갈아 신었다.

3 정답 A

그 곰으로부터 살아남기 위해 첫 번째 남자는 어떤 계획을 세웠나? / 자기 친구보다 더 빨리 달리는 것

Writing Practice 영작

단어와 숙어를 이용하여 영작해본다.

1 나는 뚫고 걸어갔다. / 군중 속을 / 아들 녀석을 찾기 위해

I was walking through / the crowd / to look for my son.

2 그 곰은 등산객들을 보고 / 향해가기 시작했다. / 그들 앞쪽으로

The bear sees the campers / and begins to head / toward them.

3 나는 내려놓았다. / 내 가방을 / 바닥에 / 나의 스마트폰을 찾기 위하여

I dropped / my bag / on the floor / to look for my smartphone.

4 나는 정신없이 옷을 챙겨입었다. / 출근하기 위하여

I frantically got dressed / to go to work.

5 너는 나 보다 더 빨리 뛰려고 했어?

Did you try to outrun me?

"I just need to outrun you."

곰에게 잡혀먹히지 않으려면 같이 있던 친구보다 더
빨리 달려야 한다는 말입니다. 뒤처진 친구가 곰에게
잡혀먹히겠죠? 위험 상황에서 우정의 정도를 시험해
볼 좋은 기회가 되었군요. 곰을 만났을 때 죽은 척하
는 것을 영어로 Play dead이라고 합니다.

17

God will save me.

주께서 나를 구하실 겁니다.

조크 일러스트레이션을 보고 오디오를 집중해서 들으면서 전체적인 내용을 짐작해 본다.

★ Take a look at the illustration and Listen carefully...

God will save me.

주께서 나를 구하실 겁니다.

스크립트를 보면서 안 들렸던 부분을 확인 후 오디오를 다시 들어본다.
Make sure to check any words you missed!

Somewhere in the Southeastern United States, / probably Louisiana or Arkansas / (you know, the Bible Belt), / a huge hurricane came through / and threatened to take out an entire town.//

At the local church, / people were praying.//

Their pastor, a fervent young man, / asked the people to remain calm / and wait for God's help.//

Mid-prayer, / the flood waters began to rise up / the floor of the chapel.//

People began panicking / and running out of the building.// And the pastor urged people to seek shelter, / and when friends asked him to leave, / he said / "No.// I'm going to stay with the church.// I believe God will save me."//

Key words & Idioms

★ huge hurricane	거대한 허리케인	★ threaten	위협하다
★ take out	쓸어가다	★ pray	기도 하다
★ pastor	목사	★ fervent	열렬한
★ calm	차분한	★ flood	홍수
★ chapel	기도실, 예배실	★ panicking	극심한 공포(공황) 상태의
★ urge	충고하다, 설득하려 하다.	★ shelter	피난처

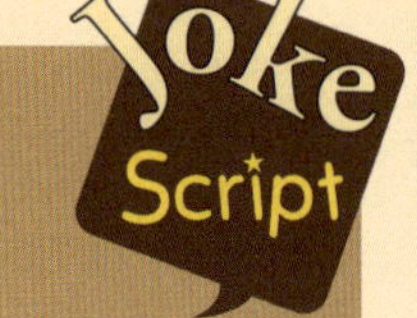

God will save me.

주께서 나를 구하실 겁니다.

스크립트를 보면서 안 들렸던 부분을 확인 후 오디오를 다시 들어본다.

Make sure to check any words you missed!

As flood waters continued to rise, / his friends gave up / and left him at the church.// Eventually / the pastor had to climb out the top floor's window / and made his way to the roof.// While standing there, / a rescue boat came for him.// They tried to persuade him to get on, / but all he would say is / "No.// I'm going to stay with the church.// I believe God will save me."//

And a short while later, / the water swelled past the height of the roof.// And the pastor had to climb to the very top of the church / and hang onto the belltower.// While hanging there, / a rescue helicopter / came looking for him.// And he shouted up the helicopter / "Stop trying to rescue me! / God will save me!"//
The helicopter left, / the water kept rising, / and eventually the pastor drowned.//

He soon found himself / standing in front of St. Peter / at the Pearly Gates of Heaven.// With sad eyes, / the pastor asked St. Peter / "Why didn't God save me?"//

St. Peter, / flabbergasted, / replied / "We sent your friends, / a boat, / and helicopter! / What else could we have done?"//

Key words & Idioms

★ give up	포기하다	★ eventually	드디어
★ rescue	구조대	★ persuade	설득하다
★ swell	불어나다, 부풀다	★ hang onto	~에 매달리다
★ drown	익사하다	★ flabbergast	어리둥절하다, 기절초풍하다

Reading Comprehension _독해

"영어 어순식 한국어 해석" 훈련법으로 내용을 완벽하게 이해한다.

Somewhere in the Southeastern United States, // probably Louisi-
어느 곳 그 남서부 미국에,   아마도 루이지애나 또

ana or Arkansas // (you know, the Bible Belt), // a huge hurricane /
는 아칸소   (알다시피, 그 바이블 벨트(기독교가 강한 미국 남부와 중서부 지대)) 한 거대한   허리케인이

came through // and threatened / to take out / an entire town.
들어오고 있었다.   그리고 위협했다.   휩쓸어 가려고   한 도시 전체를

At the local church, // people / were praying.
그 지역 교회에서는,   사람들이   기도하고 있었다.

Their pastor, / a fervent young man, // asked the people / to remain
그들의 목사님은,   한 신앙심이 열렬한 젊은 남자인   그 사람들에게 말했다.   유지하라고
/ calm // and wait / for God's help.
  침착함을   그리고 기다리라고 / 주님의 도우심을

Mid-prayer, // the flood waters began to rise / up the floor / of the
기도 중간에,   그 넘친 물이 위로 올라오기 시작했다.   그 바닥 위로   그 예배실의
chapel.

People began / panicking // and running / out of the building.
사람들은 시작했다.   극심한 공포심에 떨기 // 그리고 뛰어 나왔다. / 그 건물 밖으로

And the pastor urged / people / to seek shelter, // and when friends
그리고 그 목사님은 충고했다. 사람들에게   대피소를 찾으라고,   그리고 친구들이 물었을 때
asked / him / to leave, //
그에게   떠날 것을(건물 밖으로),

he said // "No. // I'm going to stay / with the church.
그가 말했다. 아니오! 나는 머물 것입니다.   그 교회와 함께

I believe / God will save me."
나는 믿습니다.   주께서 나를 구해 주실 것을

As flood waters continued to rise, // his friends gave up // and left
범람한 물(들)이 계속 차오르자,   그의 친구들은 포기하고 떠났다.   그리고 그를
him / at the church.
남겨두고   그 교회에

Eventually // the pastor / had to climb out / the top floor's window //
이윽고   그 목사님은   기어 올라가야 했다.   그 교회 꼭대기의 창문을
and made his way / to the roof.
그리고 그의 길을 만들었다.(향해 갔다) 그 지붕으로

While standing there, // a rescue boat / came / for him.
거기에 서 있는 동안,   구조보트 한 대가 왔다.

They tried / to persuade him / to get on, //
그들은 노력했다.   그를 설득하려고   (보트에) 타게 하려고,

but all he would say is / "No. // I'm going to stay / with the church.
하지만 그가 말한 모든 것은   "싫습니다.   나는 머물 것입니다.   그 교회와 함께

I believe / God will save me."
나는 믿습니다. / 주께서 나를 구해주실 것을" 이다.

And a short while later, // the water / swelled past / the height of the roof.
그리고 시간이 얼마 지나지 않아,   그 물은   점점 불어나 지나갔다.   그 지붕 높이 까지

And the pastor / had to climb / to the very top / of the church //
그리하여 그 목사님은   올라가야 했다.   그 맨 꼭대기로   그 교회의

and hang onto / the belltower.
그리고 매달렸다.　　　그 종탑에

While hanging there, // a rescue helicopter // came / looking for him.
거기에 매달려 있는 동안,　　　한 대의 구조 헬리콥터가　　　왔다.　　　그를 찾으러

And he shouted up / the helicopter // "Stop trying / to rescue me! //
그리고 그는 소리쳤다.　　　그 헬리콥터를 향해, "시도를 멈추시오! 나를 구하려는

God will save me!"
주님이 나를 구하실 것이요!"

The helicopter left, // the water kept rising, // and eventually / the
그 헬리콥터가 떠나버리자,　　　그 물은 계속해서 불어났다.　　　그리고 마침내　　　그

pastor / drowned.
목사님은　물에 빠져 죽었다.

He soon found / himself // standing / in front of St. Peter // at the
그는 곧 알았다.　　　그 스스로　서 있는 것을　성 베드로의 앞에

Pearly Gates of Heaven.
그 천국의 문들에 있는

With sad eyes, // the pastor asked / St. Peter //
슬픔이 가득한 눈으로, 그 목사님은 물었다.　　　성 베드로에게

"Why didn't God save me?"
"왜 주님은 날 구해주지 않았나요?"

St. Peter, // flabbergasted, // replied // "We sent / your friends, // a
성 베드로는, 크게 놀라며,　　　대답했다. "우리는 보냈소. 당신 친구들을,　한

boat, // and helicopter!
척의 보트를,　그리고 헬리콥터 까지

What else / could we have done?"
그 밖에 또 뭘　우리가 했어야 한단 말이오?"

Listening & Reading Comprehension 듣기 및 독해

오디오를 듣고 스크립트를 공부한 내용을 확실하게 이해했는지 스스로 확인해 본다.

1 What was the cause of the flood in the story?

    a. A hurricane

    b. A tornado

    c. A broken water tank

2 Why did the pastor refuse to leave the Church?

    a. He was waiting for the rescue boat.

    b. He was waiting for everyone to leave the church.

    c. He believed God would save him.

3 What did God send to save the pastor?

    a. His friends

    b. A boat and helicopter

    c. Both above

★ **리스닝, 리딩 테스트** 정답 및 해석 ★

1 정답 A

위의 이야기에서 홍수가 일어난 이유는? / 허리케인

2 정답 C

그 목사는 왜 교회를 떠나는 것을 거부했나? / 하느님이 와서 구해줄 것이라고 믿었기 때문에

3 정답 C

하느님이 그 목사를 구하기 위해서 보내준 것은? / 위 둘 다 (친구, 보트, 헬리콥터)

Writing Practice 영작

단어와 숙어를 이용하여 영작해본다.

1 사람들은 여기에 온다. / 매주 일요일날 / 기도하기 위해

People come here / every Sunday / to pray.

2 모두가 공포에 질리기 시작했다. / 그 전기불이 나가자

Everyone started to panic / once the lights went out.

3 그 빵 반죽이 솟아오르기 시작했다. / 오븐에 있는

The bread dough began to rise / in the oven.

4 헬기 한 대가 수색하고 있었다 ./ 그 실종된 대원을

A helicopter was searching for / the lost crew.

5 그녀의 아주 이상한 행동은 어리둥절 하게 만들었다. / 나를

Her unusually strange behavior flabbergasted / me.

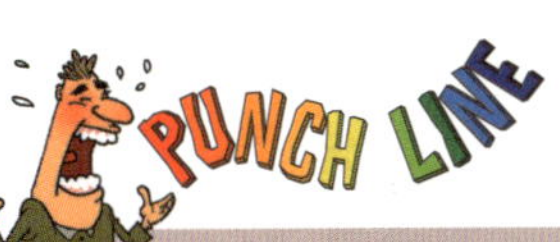

"What else could we have done?"

이 목사님은 결과적으로는 신의 도움을 거절한 것
이지요.

18
Politicians lie?

정치인들 말을 어떻게 믿나?

조크 일러스트레이션을 보고 오디오를 집중해서 들으면서 전체적인 내용을 짐작해 본다.
★ Take a look at the illustration and Listen carefully...

Politicians lie?

정치인들 말을 어떻게 믿나?

스크립트를 보면서 안 들렸던 부분을 확인 후 오디오를 다시 들어본다.

Make sure to check any words you missed!

A busload of politicians / were driving down a country road, / when suddenly / the bus ran off the road / and crashed into an old farmer's barn.//

The old farmer got off his tractor / and went to investigate.// Soon / he dug a hole / and buried the politicians.// A few days later, / the local sheriff came out, / saw the crashed bus / and asked the old farmer / where all the politicians had gone.//

The old farmer told him / he had buried them.//

The sheriff asked the old farmer,/ "Lordy, / were they ALL dead?"//

The old farmer said, / "Well,/ some of them said they weren't,/ but you know how them crooked politicians lie."//

Key words & Idioms

★ busload	사람이 가득 탄 버스	★ suddenly	갑자기
★ run off	길을 벗어나다	★ crash into	~에 충돌하다
★ get off	~를 떠나다	★ investigate	조사하다
★ bury	묻다, 매장하다	★ sheriff	지역 경찰관
★ crook	사기꾼	★ crooked politician	부정직한 정치인

117

*Reading Comprehension*_독해

A busload / of politicians // were driving down / a country road, //
한 대의 버스를 가득 채운 정치인들이 / 운전해 내려가고 있었다.　　한 시골길을

when suddenly // the bus / ran off the road // and crashed / into an
그때 갑자기　　　　　그 버스가　그 도로를 벗어났다.　　그리고 충돌했다.　　한 늙은

old farmer's barn.
농부의 헛간에

The old farmer / got off / his tractor // and went / to investigate.
그 늙은 농부는　　　　내렸다.　그의 트랙터에서　그리고 갔다.　　살펴 보려고

Soon // he dug / a hole // and buried / the politicians.
곧　　　　그는 팠다.　하나의 구덩이를 / 그리고 묻어버렸다. / 그 정치인들을

A few days later, // the local sheriff / came out, // saw / the crashed
며칠 후　　　　　그 지역 관할 경찰관이　　나와서,　　보았다.　　그 추락한

bus //
버스를

and asked / the old farmer // where all the politicians / had gone.
그리고 물었다.　그 늙은 농부에게　　어디로 그 모든 정치인들이　　사라졌는지

The old farmer / told / him // he had buried / them.
그 늙은 농부는　말했다. 그(경찰)에게　그가 묻어벼렸다고　그들을(정치인들을)

The sheriff / asked / the old farmer, // "Lordy, // were they ALL
그 경찰이   물었다.   그 늙은 농부에게,   "세상에,   그들이 전부 다

dead?"
죽었나요?"

The old farmer said, // "Well, // some of them / said / they weren't, //
그 늙은 농부는 말했다.   "글쎄,   그들 중 몇 명은   말했었소. 그들이 죽지 않았다고

but / you know // how them / crooked politicians / lie."
하지만 / 당신도 잘 알잖소! / 어떻게 그들이 / 사기꾼같은 정치인들인   거짓말을 하는지

Listening & Reading Comprehension 듣기 및 독해

오디오를 듣고 스크립트를 공부한 내용을 확실하게 이해했는지 스스로 확인해 본다.

1 What did the bus crash into?

   a. A bridge

   b. A country road

   c. An old farmer's barn

2 What did the farmer do to the politicians?

   a. Call 911

   b. Bury them

   c. Drive them to the hospital

3 Which of the following is not true in the story?

   a. Some of the politicians were buried alive.

   b. The farmer didn't believe the politicians when they told him they were okay.

   c. The politicians were all dead.

★ 리스닝, 리딩 테스트 정답 및 해석 ★

1 정답 C
   버스는 어디에 부딪혔나? / 늙은 농부의 헛간

2 정답 B
   그 농부는 정치인들을 어떻게 했나? / 그들을 땅에 묻었다.

3 정답 C
   다음 중 틀린 내용은? / 그 정치인들이 모두 사망했다.

Writing Practice 영작

단어와 숙어를 이용하여 영작해본다.

1 우리는 주문했다. / 트럭 한대 분량의 건축 자재를

We ordered / a truckload of building materials.

2 그 차가 들이 받았다. / 전신주 하나를

The car crashed / into a utility pole.

3 그 경찰은 계속했다. / 그 범죄 사건을 수사하는 것을

The police continued / to investigate the crime.

4 우리집 개가 구덩이를 팠다. / 자기 뼈를 묻을려고

Our dog dug a hole / to bury his bone.

5 그 경찰관이 나에게 말했다. / 그 차에서 내리라고

The police officer asked me / to get out of the car.

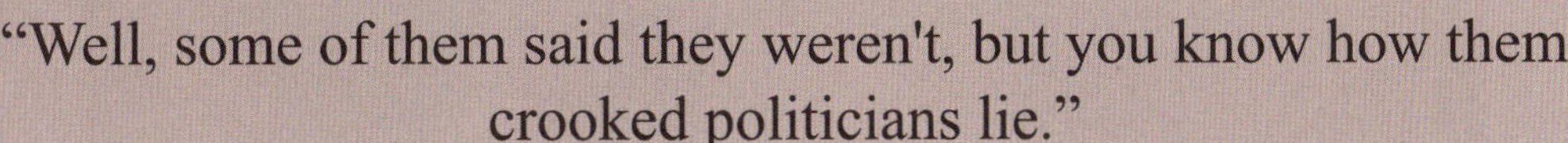

"Well, some of them said they weren't, but you know how them crooked politicians lie."

어느 나라나 정치인들의 이미지는 대체로 부정적이지요. 이 조크는 정치인들이 얼마나 거짓말을 많이 했으면 자기들이 죽지 않고 살아있다고 해도 그 말을 믿지 않고 모두 다 땅 속에 묻어 버렸다는 농부에 대한 조크입니다.

* 위의 문장, how them crooked politicians lie, 에서 them은 남부 액센트 를 쓰는 농부의 말을 더 무식하게 만들려고 일부러 쓴 것입니다. 문법적 으로는 those(그들)라고 해야 맞습니다.

19

I can't keep a secret!

난 비밀을 지킬 수 없다니까!

조크 일러스트레이션을 보고 오디오를 집중해서 들으면서 전체적인 내용을 짐작해 본다.

★ Take a look at the illustration and Listen carefully...

I can't keep a secret!
난 비밀을 지킬 수 없다니까!

A group of psychiatrists / were attending a convention.//

Four of them decided to leave / and walked out together.// One said to the other three, / "People are always coming to us / with their guilt and fears, / but we have no one / that we can go to / when we have problems. "// The others agreed.//

Then one said, / "Since we all professionals, / why don't we take some time right now / to hear each other out?"/ the other three agreed.//
The first then confessed, / "I have an uncontrollable desire / to kill my patients."//

The second psychiatrist said, / "I love expensive things / and so I find ways / to cheat my patients out of their money / whenever I can / so I can buy the things I want."//

The third followed with, / "I'm involved with selling drugs / and often get my patients to sell them / for me."//

The fourth psychiatrist then confessed, / "I know I'm not supposed to,/ but no matter how hard I try, / I can't keep a secret…."//

Key words & Idioms

★ psychiatrist	정신과 의사	★ confess	고백하다
★ guilt	죄의식	★ desire	욕망
★ uncontrollable	억제, 통제 할 수 없는	★ cheat	속이다
★ be involved with	~와 관련되어 있다	★ patient	환자
★ convention	협의회		

*Reading Comprehension*_독해

A group of psychiatrists // were attending / a convention.
한 무리의 정신과 의사들이　　　　참석하고 있었다.　　　한 컨벤션에

Four of them // decided / to leave // and walked out / together.
그들중 네 명은　　　　결정했다.　　떠나기로　　그리고 걸어나갔다.　　다 함께

One said / to the other three, // "People / are always coming / to us
한 사람이 말했다.　　다른 세 사람에게　　"사람들은　　항상 옵니다.　　　　　우리에게
// with their guilt and fears, //
　　그들의 죄의식과 두려움들을 갖고"

but / we have no one // that we can go to // when we have problems."
그러나 우리는 아무도 없습니다. 우리가 찾아갈 수 있는　　우리가 문제를 가지고 있을 때.
// The others agreed.
　　그 다른 사람들이 동의했다.

Then one said, // "Since, / we all professionals, // why don't we /
그때 한 사람이 말했다.　"왜냐하면,　우리는 모두 전문가들 입니다, (우리) 해 보는 게 어떻습니까?
take some time / right now // to hear each other out?" // the other
시간을 좀 내는 것을　　지금 당장　　서로 서로 들어 보기 위하여"　　　　다른 세 명이
three agreed.
동의했다.

The first / then / confessed, // "I have / an uncontrollable desire //
첫 번째가,   그러자   이렇게 고백했다. "나는 가지고 있어요. / 하나의 억제할 수 없는 욕망을

to kill my patients."
내 환자를 죽여버리고 싶은"

The second psychiatrist said, // "I love expensive things // and so I
그 두 번째 의사가 말했다.   "나는 사랑해요. 비싼 것들을   그래서 나는

find / ways // to cheat my patients / out of their money // whenever
찾았어요. / 방법들을 // 내 환자들을 속여서   그들의 돈을 빼앗는   언제든 내가 할

I can // so I can buy / the things / I want."
수 있을 땐 // 그래서 나는 살 수 있죠. / 그것들을 / 내가 원하는"

The third / followed with, // "I'm involved / with selling drugs // and
그 세 번째가   뒤를 이었다.   나는 관여하고 있어요.   마약 판매에   그리고

often / get my patients to sell / them // for me."
가끔씩   내 환자들에게 팔게 합니다.   그것(마약)들을 / 나를 위해.

The fourth psychiatrist / then confessed, // "I know /
그 네 번째 의사가   이렇게 고백했다.   나는 알아요.

I'm not supposed to, // but no matter how hard / I try, //
내가 그러면 안 되는 걸,   하지만 아무리 열심히   내가 노력해도,

I can't keep / a secret...."
나는 지킬 수가 없어요. / 하나의 비밀을 …

Listening & Reading Comprehension 듣기 및 독해 

오디오를 듣고 스크립트를 공부한 내용을 확실하게 이해했는지 스스로 확인해 본다.

1 What did the first psychiatrist suggest to the others?

    a. To drink at the bar

    b. To tell each other some secrets

    c. To walk together

2 What does the second psychiatrist confess?

    a. He cheats his patients out of their money.

    b. He cheats on his wife.

    c. He blackmails his patients.

3 What did the last psychiatrist confess?

    a. He wants to kill his patients.

    b. He is having an affair with his patients.

    c. He can't keep secrets.

★ 리스닝, 리딩 테스트 정답 및 해석 ★

1 정답 B

첫 번째 정신과 의사는 다른 의사들에게 무엇을 제안하였나? / 서로의 비밀을 털어놓는 것

2 정답 A

두 번째 의사가 고백한 내용은? / 자기 환자들의 돈을 갈취한 것

3 정답 C

마지막 의사는 무엇을 고백하였나? / 비밀을 지킬 수 없다는 것

Writing Practice 영작

단어와 숙어를 이용하여 영작해본다.

1 나는 결심했다. / 그녀와 헤어지기로

I decided / to break up with her.

2 우리 같이 모이는 게 어때요? / 언제

Why don't we get together / sometime?

3 나는 욕망이 없다. / 밀린 그 일을 처리하고 싶은

I have no desire / to catch up on the work.

4 그는 연루되어 있었다. / 한 사건에

He was involved / in an accident.

5 그는 일하기로 되어 있지 않다. / 오늘

He is not supposed to work / today.

"no matter how hard I try, I can't keep a secret…."

다른 사람들에게 비밀을 다 털어놓게 만들어 놓고 자기
는 다른 사람의 비밀을 말하지 않고는 못 배긴다고 말하
는 믿을 수 없는 의사에 관한 조크입니다. 자신들의 비밀
을 다 털어놓아 버린 다른 의사들은 모두 걱정거리가 하
나씩 더 생겼네요.

20
What kind of farter are you?

조크 일러스트레이션을 보고 오디오를 집중해서 들으면서 전체적인 내용을 짐작해 본다.

★ Take a look at the illustration and Listen carefully...

Vain : You love the smell / of your own farts.//

Amiable : You love the smell / of other people's farts.//

Proud : You think / your farts are exceptionally fine.//

Shy : You release silent farts / and then blush.//

Impudent : You boldly fart out loud / and then laugh.//

Unfortunate : You try really hard to fart, / but you poop instead.//

Scientific : You fart regularly / but you're concerned about pollution.//

Nervous : You stop in the middle of your fart.//

Honest : You admit / that you farted / but offer good medical reasons.//

Dishonest : You fart / and then blame the dog.//

Foolish : You suppress your farts for hours.//

Thrifty : You always keep a couple of good farts in reserve.//

Anti-Social : When the need arises, / you excuse yourself from the room / and fart in private.//

Strategic : You fart / and then conceal it with loud coughing.//

Sadistic : You fart in bed / and then pull the cover up / over your partner's head.//

What kind of farter are you?

당신은 방귀를 어떻게 뀝니까?

스크립트를 보면서 안 들렸던 부분을 확인 후 오디오를 다시 들어본다.

Make sure to check any words you missed!

Intellectual : You can determine from the smell of any fart / exactly what food item had been consumed.//

Athletic : You fart at the slightest exertion.//

Miserable : You would love to let one out, / but you are unable to fart.//

Sensitive : You fart / and then start crying.//

Key words & Idioms

★ vain	자만심이 강한	★ amiable	쾌활한, 정감이 있는
★ proud	자랑스럽게 생각하는	★ shy	수줍은
★ impudent	뻔뻔 스러운	★ unfortunate	불행한
★ scientific	과학적인	★ nervous	초조한
★ dishonest	솔직하지 않은	★ foolish	바보스러운
★ thrifty	근검 절약하는	★ antisocial	반 사회적인
★ strategic	전략적인	★ sadistic	변태적인
★ intellectual	지적인	★ athletic	운동선수 같은
★ miserable	고통스러운	★ sensitive	예민한

"영어 어순식 한국어 해석" 훈련법으로 내용을 완벽하게 이해한다.

Vain : // You love / the smell // of your own farts.
자만심이 강한 타입: 당신은 사랑한다. / 그 냄새를 // 당신이 뀐 방귀들의

Amiable : // You love the smell // of other people's farts.
정감이 있는 타입: 당신은 그 냄새를 사랑한다.　　　다른 사람의 방귀들의

Proud : // You think // your farts / are exceptionally fine.
자기 자신이 자랑스러운 타입: 당신은 생각한다. // 당신 방귀들이 / 뛰어나게 질이 좋다고

Shy : // You release / silent farts // and then blush.
부끄럼을 잘 타는 타입: 당신은 내보낸다. / 조용한 방귀를 / 그런 다음 빨개진다.

Impudent : // You / boldly / fart / out loud // and then laugh.
뻔뻔스러운 타입:　당신은 / 대담하게 / 방귀를 뀐다. / 아주 크게 // 그런 다음 껄껄 웃는다.

Unfortunate : // You try really hard / to fart, // but you poop /
운이 없는 타입:　　　당신은 열심히 애를 쓴다. / 방귀를 뀌려고, // 하지만 당신은 똥을 싼다.

　　　　　　　　instead. /
　　　　　　　　대신에

Scientific : // You fart / regularly // but you're concerned /
과학적인 타입:　　당신은 방귀를 뀐다. / 주기적으로　　하지만 당신은 걱정한다.

　　　　　　　　about pollution.
　　　　　　　　오염에 대해

Nervous : // You stop / in the middle / of your fart.
초조해 하는 타입: 당신은 멈춘다.　　중간에　　　　당신 방귀를

Honest : // You admit / that you farted // but offer /
솔직한 형:　　　당신은 시인한다. / 당신이 방귀를 뀌었다고 / 하지만 제시한다. /

good medical reasons.
좋은 의학적인 이유들을

Dishonest : // You fart // and then blame / the dog. //
솔직하지 않은 타입:　당신은 방귀를 뀐다. // 그런 다음 탓을 한다. / 그 개에게

Foolish : // You suppress / your farts / for hours. //
바보 같은 타입:　　당신은 억누른다.　당신 방귀들을　몇 시간 동안

Thrifty : // You always keep / a couple of good farts / in reserve.
근검 절약형:　당신은 항상 비축한다.　두어 번 뀔 수 있는 좋은 방귀들을 / 보관한 상태로

Anti-Social : // When the need arises, //
반사회적인 타입:　　언제 그(방귀 뀔) 필요성이 생기면,

you excuse yourself from the room /
당신은 스스로 그 방을 나가서

and fart / in private.
그리고 방귀를 뀐다 / 개인적으로

Strategic : // You fart // and then / conceal it / with loud coughing.
전략적인 타입:　　당신은 방귀를 뀐다. // 그런 다음 / 그것을 감춘다. / 큰 기침으로

Sadistic : // You fart / in bed // and then / pull / the cover up //
변태적인 타입:　당신은 방귀를 뀐다. / 침대에서 // 그런 다음 / 잡아당긴다. / 그 커버를 위로

over your partner's head.
당신 배우자의 머리 위로

Intellectual : // You can determine / from the smell of any fart //
지적인 타입:　　　　당신은 밝혀낼 수 있다.　　　그 어떤 방귀 냄새로부터

exactly / what food item / had been consumed.
정확히　　무슨 음식이　　　소비되었는지

Athletic : // You fart / at the slightest exertion.
운동선수 같은 타입: 당신은 방귀를 뀐다. / 힘들이지 않고 거뜬하게

Miserable : // You would love / to let one out, // but you are unable
안쓰러운 타입:　　당신은 좋아한다. / 한 방을 내보내는 것을,　하지만 당신은 할 수가 없다.

/ to fart.
방귀 뀌기를

Sensitive : // You fart // and then / start crying.
예민한 타입:　　당신은 방귀를 뀐다. / 그런 다음 / 울기 시작한다.

Listening & Reading Comprehension 듣기 및 독해

오디오를 듣고 스크립트를 공부한 내용을 확실하게 이해했는지 스스로 확인해 본다.

1 What kind of farts does a nervous person make?

a. They hold it in for a very long time.

b. They stop farting halfway through.

c. They let out silent farts.

2 What kinds of people love their own farts?

a. Vain

b. Amiable

c. Thrifty

3 Which types of people make loud farts?

a. Impudent

b. Strategic

c. Miserable

★ 리스닝, 리딩 테스트 정답 및 해석 ★

1 정답 B

초조한 사람은 어떻게 방귀를 뀌는가? / 중간에 멈춘다.

2 정답 A

자기 방귀를 사랑하는 사람은 어떤 종류의 사람들인가? / 자만심이 많은 사람

3 정답 A

방귀를 크게 뀌는 사람들은 어떤 타입인가? / 뻔뻔스러운 타입

Writing Practice 영작

단어와 숙어를 이용하여 영작해본다.

1 당신은 방귀를 뀐 적이 있습니까? / 적절치 않은 어떤 상황에서

Have you ever farted / in an inappropriate situation?

2 나는 자랑스럽다. / 내 아들이

I am proud of / my son.

3 나는 걱정하지 않는다. / 그의 미래에 대해서

I am not concerned / about his future.

4 나는 샀다./ 청바지 한 벌을 / 그 중고품 할인 가게에서

I bought / a pair of blue jeans / at the thrift shop.

5 어떻게 참을 수 있었습니까? / 당신의 욕망을 / 술 마시는

How can you suppress / your desire / to drink?

"What kind of farter are you?"

다양한 방귀 뀌는 타입을 통해서 그 사람의 성격을
알아본다는 이야기입니다.
당신은 어떤 타입에 해당하는 사람입니까?

21
The smart monkey

조크 일러스트레이션을 보고 오디오를 집중해서 들으면서 전체적인 내용을 짐작해 본다.
★ Take a look at the illustration and Listen carefully...

The smart monkey

영리한 원숭이

A man / walks into a bar / with his pet monkey.// He sits down / and orders a drink, / meanwhile / the monkey is running around / all over the place / and jumps up on a pool table.// He grabs the 8 ball, / shoves it into his mouth / and swallows it whole.//

"Holy crap!" / says the bartender, / completely livid.// He says to the man, / "Did you see what your stupid monkey just did?"//

"Nope. / What did he do this time?" / says the man."// He just swallowed one of the balls / off the pool table, / whole!" / says the bartender.//

"Yeah, well / I hope it kills him / 'cause he's been driving me nuts" / says the man.//

After finishing his drink, / the man leaves.//

A few weeks later / the man returns to the bar / with his monkey.// After ordering a drink, / the monkey starts running wild around the bar again.// Up on the bar, / the monkey finds some peanuts.//

He grabs one out of the bowl, / sticks it up his butt, / then pulls it out and eats it.// The bartender is disgusted.//

"Did you see what your stupid monkey did this time?" / he asks, // "What now? / responds the man."// He stuck a peanut up his butt, / then pulled it out and ate it!" / says the bartender.// "Well, / what do you expect?" / replies the man.// "Ever since he ate that pool ball / he measures everything first!"//

Key words & Idioms

★ pet monkey	애완용 원숭이	★ meanwhile	그러는 사이
★ pool table	당구대	★ grab	~을 잡다
★ shove something into	~을 어디에 쑤셔넣다	★ swallow	삼키다
★ Holy crap!	아니 이럴수가	★ livid	몹시 화가 나서
★ drive someone nuts	누구를 짜증나게 하다	★ run wild	제멋대로
★ disgusted	구역질이 나는		

A man / walks into a bar / with his pet monkey.
한 남자가 걸어 들어간다.   어느 술집으로 // 그의 애완 원숭이와 함께.

He sits down / and orders / a drink, // meanwhile // the monkey
그는 앉는다.   그리고 주문한다. 한잔의 술을,   그러는 동안   그 원숭이는

is running around // all over the place // and jumps up / on a pool
이리저리 달려 다닌다.   사방으로   그리고 뛰어 올라간다.   하나의

table.
당구대 위로

He grabs / the 8 ball, // shoves it into / his mouth // and swallows
그는 집었다.   그 8번 당구알을, 그것을 쑤셔 넣었다. 그의 입속에   그리고 그 것을 삼켰다.

it whole.
통째로

"Holy crap!" // says / the bartender, // completely livid.
"아니, 이럴수가!"   말한다. 그 바텐더가,   완전히 화가나서.

He says / to the man, // "Did you see / what / your stupid monkey /
그가 말한다.   그 남자에게,   "당신은 보았습니까? 무엇을 당신의 멍청한 원숭이가

just did?"
방금 했는지"

"Nope. // What did he do / this time?" // says / the man."
"아뇨.   원숭이가 무엇을 했는데요? 이번엔?"   말한다. 그 남자가

He just swallowed / one of the balls // off the pool table, // whole!"
그는 방금 삼켰다구요.　　당구알 하나를　　　당구대에서,　　　　통째로!"

// says the bartender.
말한다. / 그 바텐더가

"Yeah, well // I hope / it kills him // 'cause he's been driving me
"예, 글쎄　나는 희망합니다. / 그것이 그를 죽였으면 하고 // 왜냐하면 그 녀석이 정말 절

nuts" // says / the man.
짜증나게 하네요." // 하고 말한다. / 그 남자는

After finishing his drink, // the man leaves.
술을 다 마신 후,　　　　　그 남자는 떠난다.

A few weeks later // the man returns / to the bar // with his monkey.
몇 주 후,　　　　그 남자는 다시 왔다.　그 술집에　　그의 원숭이와 함께

After ordering a drink, // the monkey starts / running wild / around
한잔의 술을 주문한 후,　　그 원숭이는 시작한다　거칠게 뛰어다니기　그 바

the bar / again.
주변을　또 다시

Up on the bar, // the monkey finds / some peanuts.
그 바 위에서　　그 원숭이는 발견한다.　몇 개의 땅콩을

He grabs one / out of the bowl, // sticks it up / his butt, // then pulls
그는 하나를 집었다 .　그 그릇 밖으로(에서)　그것을 찔러 넣는다. / 그의 항문에,　그리고는

it out / and eats it. // The bartender / is disgusted.
그것을 빼낸다. / 그리고 그것을 먹는다. // 그 바텐더는 / 구역질이 났다.

"Did you see / what your stupid monkey did / this time?" // he asks, //
"당신은 봤습니까?　당신의 멍청한 원숭이가 뭘했는지　이번엔"　그가 묻는다.

"What now? // responds / the man."
"이번엔 또 뭡니까?" 대답한다.　그 남자가

He stuck a peanut up / his butt, // then pulled it out / and ate it!" //
"그(원숭이)가 땅콩 하나를 찔러 넣었다구요. / 그의 항문에, // 그러고는 그걸 빼내서 / 그것을

says / the bartender.
먹었다구요! // 말한다. / 그 바텐더가

"Well, // what do you expect?" // replies / the man.
"글쎄,　당신은 무엇을 기대합니까?"라고　대답한다.　그 남자가

"Ever since he ate / that pool ball // he measures / everything
"그(원숭이)가 먹은 뒤로는　그 당구 알을　그(원숭이)는 크기를 잽니다.　모든 것을

first!"
처음에!

Listening & Reading Comprehension 듣기 및 독해 

1 What was the bartender shocked about?

    a. He saw the monkey throwing the pool balls at other people.

    b. He saw the monkey eating all the peanuts.

    c. He saw the monkey swallowing an entire pool ball.

2 Which of the following is not true about the monkey?

    a. He has been giving the owner a hard time.

    b. He is a troublesome but smart monkey.

    c. He is a well-behaved monkey.

3 How does the monkey eat its food now?

    a. He chews his food very slowly.

    b. He sticks the food up his butt before eating.

    c. He chops his food into half before swallowing it.

★ 리스닝, 리딩 테스트 정답 및 해석 ★

1 정답 C

바텐더는 무엇 때문에 놀랐나? / 그 원숭이가 당구 알을 통째로 삼키는 것을 보고

2 정답 C

그 원숭이에 관한 내용 중 틀리는 것은? / 교육이 잘 되어있는 원숭이다.

3 정답 B

현재 원숭이는 음식을 어떻게 먹나? / 먹기 전에 자기 항문에 넣어본다.

Writing Practice 영작

1 그 원숭이는 매달려 있었다. / 그 철봉에

The monkey was hanging / from the bars.

2 나는 실수로 삼켰다. / 껌을

I accidentally swallowed / a gum.

3 나는 알아차렸다. / 그가 아주 많이 화가 났었다는 것을 / 내가 그에게 동의하지 않았을 때

I recognized / that he was livid / when I disagreed with him.

4 그 파티는 거칠어졌다. / 몇 잔의 술을 마신 후

The party turned wild / after a few drinks.

5 당신이 어떤 것을 자르려면, / 재어 보세요. / 두 번 / 그리고 자르세요. / 한 번에

If you're cutting something, / measure / twice / and cut / once.

"Ever since he ate that pool ball he measures everything first!"

당구 알을 통째로 삼키고 힘들었던 영리한 원숭이 녀
석이 그 뒤로는 뭐든 먹을 때는 항문으로 잘 나올 수
있는지를 꼭 확인한 후 먹는다는 조크입니다.

22
Lord, it's up to you!

주여, 당신 뜻대로 하소서!

조크 일러스트레이션을 보고 오디오를 집중해서 들으면서 전체적인 내용을 짐작해 본다.

★ Take a look at the illustration and Listen carefully...

Lord, it's up to you!

주여, 당신 뜻대로 하소서!

After starting a new diet / I've altered my driving route to work / to avoid passing my favorite bakery.//

I accidentally drove by the bakery this morning, / and as I approached, / there in the windows were a host of goodies.// I felt this was no accident, / so I prayed.//

"Lord,/ it's up to you, / if you want me to have any of those delicious goodies, / create a parking place for me / directly in front of the bakery."//

And sure enough, / on the fifteenth time around the block, / there it was!//

"God is so good!"//

Key words & Idioms

★ alter	바꾸다, 변경하다	★ avoid	피하다
★ accidentally	우연히	★ a host of goodies	과자들이 잔뜩 있는
★ in front of	～의 앞에	★ sure enough	정말로, 아니나 다를까
★ around the block	블록을 돌아서		

*Reading Comprehension*_독해

After starting / a new diet // I've altered / my driving route / to work
시작한 후 / 하나의 새로운 다이어트를,　나는 바꿨다.　내 운전 경로를　　　회사로 가는

// to avoid / passing / my favorite bakery.
　피하려고　지나가는 것을　내가 가장 좋아하는 제과점을

I accidentally drove / by the bakery / this morning, // and as I ap-
나는 실수로 운전을 했다.　그 제과점 옆으로　오늘 아침,　　　그리고 내가 가까이

proached, // there in the windows were / a host of goodies.
서 보니있었다.　진열장 안에　　　　　　　다수의 맛있는 빵들이

I felt / this was no accident, // so I prayed.
나는 느꼈다. / 이것이 우연이 아니라고,　그래서 나는 기도했다.

"Lord, // it's up to you, // if you want / me to have / any of those /
"주여,　　당신 뜻대로 하소서,　만약 당신께서 원하시면 / 제가 먹기를 / 그 중 하나라도

delicious goodies, // create / a parking place / for me // directly in
저 맛있는 빵들을,　　　만들어 주소서. 주차할 자리 하나를　저를 위해　그 제과점

front of the bakery."
바로 앞에

And sure enough, // on the fifteenth time // around the block, //
드디어　　　　　　열다섯 번째에　　　　　그 블록을 돌아서,

there it was!
거기에 그것이 (빈 주차 공간) 있었다.

"God is so good!"
"주는 참 좋으신 분입니다!"

# Listening & Reading Comprehension 듣기 및 독해 

1 Which of the following is the woman not allowed to eat on her new diet?

    a. Bread and cookies

    b. Meat

    c. Vegetables

2 What did the woman pray for?

    a. Passing her favorite bakery

    b. A parking spot

    c. Meeting a new boyfriend

3 How long does it take the woman to get her wish fulfilled?

    a. 15 minutes

    b. After driving around the block 15 times

    c. After she came back from work

★ 리스닝, 리딩 테스트 정답 및 해석 ★

1 정답 A

다음 중 그녀가 다이어트 하면서 먹으면 안되는 것은? / 빵과 쿠키종류

2 정답 B

그녀는 무엇을 위해 기도 하였나? / 주차할 자리

3 정답 B

그녀의 기도가 응답 받는데 얼마나 걸렸나? / 그 블럭을 15바퀴 돌고 난 다음

Writing Practice 영작

1 나는 바꿨다./ 나의 다이어트를 / 더 많은 식이성 음식이 포함된

I've altered my diet / to include more fiber.

2 나는 실수로 하나의 전봇대를 들이 받았다. (운전을 하다가)

I accidentally drove into a light post.

3 나는 다가갔다. / 그 개에게 / 조심 스럽게

I approached / the dog / with caution.

4 나는 운이 좋았었다. / 마지막 남은 주차자리를 찾는

(나는 다행히 마지막 남은 주차 자리를 찾았다.)

I was lucky / to find the last parking spot.

5 한 여자가 / 하이힐을 신은 / 돌에 걸려 넘어졌다. / 내 앞에서

A woman / wearing high hills / tripped over the stone / in front of me.

"God is so good!"

Low carb 다이어트를 하는 사람들은 빵을 먹지 않습니다. 자기가 좋아하는 빵을 먹기 위해서 마치 하느님이 먹게 해 준 것처럼 구실을 만들고 있는 다이어트 중인 여자에 관한 조크입니다. 탄수화물(Carbohydrate)은 중독 증상이 있어 끊기가 어렵다고 합니다.

23

The commiserative lawyer

인정 많은 변호사

조크 일러스트레이션을 보고 오디오를 집중해서 들으면서 전체적인 내용을 짐작해 본다.

★ Take a look at the illustration and Listen carefully...

The commiserative lawyer

인정 많은 변호사

Driving through town in his BMW, / a successful young lawyer spotted two men / on the side of the road / eating grass out of somebody's yard.//

Moved / by how desperate the men had become, / he pulls over to have a word with them, / "Hey fellas, / what is going on? / Why are you eating grass?"/ asks the lawyer.// "We're down on our luck, have no jobs and are very poor!", / they both respond.//

"Well then, / come with me" / the lawyer insists.// "I'll do what I can to help, / after all – / it's clear you're desperate / and you're clearly willing to do what it takes to get by.//"

After a fifteen minute drive, / the two poor men arrived at a beautiful estate on five acres of land / right on the 18th hole of a prestigious golf course.//

They became excited / at the chance to finally get some work.// "Sir, / we can't thank you enough!// Thank you so much for this opportunity.// We will make you happy!" / they exclaimed with joy!//

"Ah, / it's no problem.// I'm just happy to help."// replied the commiserative lawyer.// "You can eat all the grass you want, / It's got to be at least a foot tall by now!//"

Key words & Idioms

★ commiserative	동정심이 많은	★ spot	발견하다
★ desperate	절박한	★ pull over	차를 길옆에 세우다
★ fella	남자를 부를 때 쓰는 말	★ be down on	~이 너무 없는
★ get by	그럭 저럭 해나가다	★ estate	택지
★ prestigious	고급 스러운	★ opportunity	기회
★ exclaim	외치다	★ what it takes	필요하면 뭐든지

*Reading Comprehension*_독해

Driving through town / in his BMW, // a successful young lawyer
동네를 운전하고 지나가던　　　그의 BMW를 타고,　한 성공한 젊은 변호사가

spotted / two men // on the side of the road // eating grass / out of
발견했다.　두 명의 남자를　그 도로의 옆에서　　　　　풀을 먹고 있는　어떤

somebody's yard.
사람의 마당에서

Moved / by how desperate / the men had become, // he pulls over
가슴으로 느낀 / 얼마나 절망적으로　그 두 남자가 되었는지　　　그는 (그의 차를) 세운다.

/ to have a word / with them, //
　말을 하려고　　　그들에게

"Hey fellas, // what is going on? // Why are you eating grass?" //
"헤이, 친구들,　어떻게 된 거요?　　　왜 풀을 뜯어먹고 있는 거요?"

asks / the lawyer.
묻는다.　그 변호사가

"We're down on our luck, / have no jobs / and are very poor!", //
"우리는 운이 없고,　　　　　직업도 없고　그리고 아주 가난 합니다!"

they both respond.
그들 둘 다　대답한다.

"Well then, // come with me" // the lawyer insists.
"그렇다면,　　나와 함께 갑시다."　그 변호사가 주장한다.

"I'll do / what I can to help, // after all – // it's clear / you're desperate //
"내가 할 겁니다. / 무엇인가 내가 도와줄 수 있는 것을, // 결국- // 분명합니다./ 당신들이
　절망적이라는 것은

and you're clearly willing to do / what it takes to get by."
그리고 당신들은 분명히 할 용의가 있습니다. / 그럭저럭 살아갈 수 있기 위하여 요구되는 것을 (
살아가기 위해서는 어떤 일이라도)"

After a fifteen minute drive, // the two poor men / arrived / at a
한 15분을 운전한 후,　　　　　그 두 가난한 남자는　　도착했다.　한 채의

beautiful estate / on five acres of land // right on the 18th hole / of
멋진 고급 주택에　　대지 5에이커의　　바로 18번 홀에 있는

a prestigious golf course.
하나의 고급스러운 골프장의

They became excited // at the chance / to finally get some work.
그들은 신이났다.　　　그 기회 때문에　드디어 어떤 일을 할 수 있는

"Sir, // we can't thank you enough! // Thank you so much / for this
"선생님, 뭐라고 감사해야 할지 모르겠습니다!　　정말 고맙습니다.　/ 이런 기회를 주셔서,
opportunity.

We will make you happy!" // they exclaimed / with joy!
우리는 당신을 기쁘게 해드리겠습니다!"　그들은 외쳤다.　기쁨에 넘쳐!

"Ah, // it's no problem. // I'm just happy to help." // replied / the
"아,　별 말씀을요,　나는 단지 기쁜 마음으로 도와주고 싶습니다."　대답했다.
commiserative lawyer.
그 동정심 많은 변호사는

"You can eat / all the grass / you want, // It's got to be / at least
"당신은 먹을 수 있어요. / 그 모든 잔디를 / 당신들이 원하는 만큼, // 그 것(잔디풀)은 되었을 겁니다.
/ a foot tall / by now!"
적어도 / 1 피트 높이가 / 지금쯤

# Listening & Reading Comprehension 듣기 및 독해 

1 What were the two men doing when the lawyer saw them?

    a. They were eating grass.

    b. They were mowing the lawn.

    c. They were begging for spare change.

2 Where did the lawyer take the poor men to?

    a. A golf course

    b. His house

    c. A country club

3 What did the lawyer give to the poor men?

    a. Some money

    b. Foods

    c. Free grass

★ 리스닝, 리딩 테스트 정답 및 해석 ★

1 정답 A
변호사가 보았을 때 그 남자들은 무엇을 하고 있었나? / 풀을 뜯어 먹고 있었다.

2 정답 B
변호사가 불쌍한 두 남자를 데리고 간 곳은? / 그의 집

3 정답 C
변호사는 불쌍한 두 남자에게 무엇을 주었나? / 공짜 잔디 풀

Writing Practice 영작

1 그 동정심 많은 남자는 가슴이 아팠다. / 그 가난한 사람을 보고

The commiserative man felt sorry / for the poor.

2 내 집에 불이 났다. / 그리고 나는 지금 운이 너무 나쁘다.

My house burned down / and now I'm down on my luck.

3 그는 절실했다. / 돈을 버는 것이 / 그의 가족을 위해

He was desperate / to make money / for his family.

4 그는 소유하고 있다. / 예쁜 저택 한 채를 / 그 해변 옆에

He owns / a beautiful estate / by the beach.

5 나는 소리쳤다./ 기쁨에 겨워 / 내가 가족을 보았을 때 / 다시

I exclaimed / in joy / when I saw my family / again.

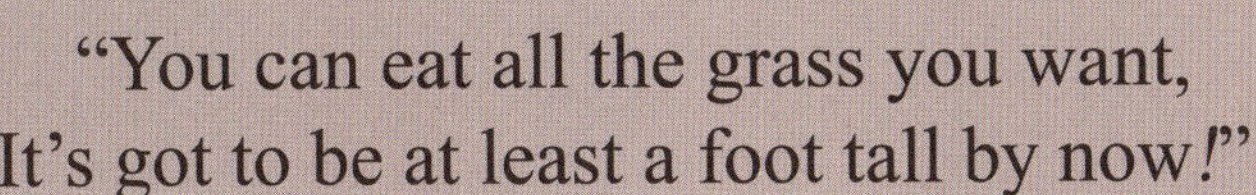

조크 중에는 사회적으로 강자인 정치인, 변호사, 의사와 같은 사람들이나 좀 어리석은 사람들을 소재로 한 경우가 많습니다.

24
Where Are The Fingers?

손가락들은 어디에 있습니까?

조크 일러스트레이션을 보고 오디오를 집중해서 들으면서 전체적인 내용을 짐작해 본다.

★ Take a look at the illustration and Listen carefully...

Where Are The Fingers?

손가락들은 어디에 있습니까?

Jack's working at the lumberyard, / pushing a tree through the buzz saw,/ and accidentally shears off all ten of his fingers.// He goes to the emergency room.//

And the doctor says, / "Yuck! / Well, / give me the fingers, / and I'll see what I can do."//

Jack says, / "I haven't got the fingers."//

The doctor says, / "What do you mean, / you haven't got the fingers? // It's 2014.// We've got microsurgery and all kinds of incredible techniques.// I could have put them back on / and made you like new. // Why didn't you bring the fingers?"//

Jack says, / "Well, shit, Doc, / I couldn't pick 'em up."//

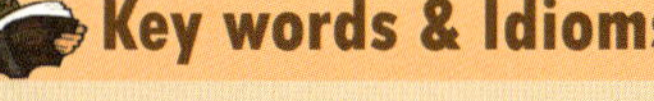

Key words & Idioms

★ lumberyard	벌목장	★ buzz saw	원형 톱
★ accidently	사고로	★ shear off	~를 자르다
★ emergency room	응급실	★ microsurgery	초미세 수술
★ incredible	믿을 수 없을 정도로 대단한		

Jack's working / at the lumberyard, // pushing / a tree / through
잭은 일하고 있었다.   그 벌목장에서,   밀어 넣다가   나무 하나를   그

the buzz saw, // and accidentally shears off all / ten of his fingers.
전기톱에,   그리고 사고로 모두 절단했다.   그의 열 손가락을

He goes / to the emergency room.
그는 갔다.   그 응급실로

And the doctor says, // "Yuck! // Well, // give me the fingers, // and
그리고 그 의사가 말했다.   "음!   그 손가락들을 저에게 주세요, 그리고

I'll see / what I can do."
제가 볼 겁니다 / 무엇을 할 수 있는지"

Jack says, // "I haven't got / the fingers."
잭이 말했다,   "나는 갖고 있지 않습니다. / 그 손가락들을"

The doctor says, // "What do you mean, // you haven't got / the fin-
그 의사가 말했다.   "무슨 말입니까,   당신이 갖고 있지 않다고요.

gers? // It's 2014.
그 손가락들을? / 지금은 2014년입니다.

We've got microsurgery / and all kinds of incredible techniques.
우리는 초미세 수술이 있어요.   그리고 온갖 놀라운 의료 기술들이

I could have put them back on // and made you / like new.
나는 그(손가락)들을 원상태로 다시 붙일 수도 있을 겁니다. / 그리고 당신을 만들어 줄 수 있어요.
/ 새로운 사람으로

Why didn't you bring / the fingers?"
왜 당신은 가지고 오지 않았나요? / 그 손가락들을

Jack says, // "Well, // shit, //
잭이 말했다,　　"글쎄요,　제기랄,

Doc, // I couldn't pick'em up."
의사 선생님, // 나는 그것들을 집을 수가 없었다구요."

Listening & Reading Comprehension 듣기 및 독해 

1 How did Jack lose his fingers?

    a. He accidently chopped off his fingers by an ax.

    b. He ran his fingers across a buzz saw.

    c. A lumber fell on his fingers

2 Why didn't Jack bring his fingers to the doctor?

    a. He couldn't pick them up.

    b. He couldn't find them.

    c. He lost them on the way to the emergency room.

3 Where are Jack's fingers?

    a. In the emergency room

    b. In the plastic bag on an ice

    c. Back at the lumberyard

★ 리스닝, 리딩 테스트 정답 및 해석 ★

1 정답 B

책은 어떻게 하다 손가락들을 잃었나? / 전기톱에 갈려서

2 정답 A

책은 왜 끊긴 손가락들을 의사한테 갖고 갈 수 없었나? / 집을 수가 없어서

3 정답 C

책의 손가락이 지금 있는 곳은? / 벌목장

Writing Practice 영작

단어와 숙어를 이용하여 영작해본다.

1 우리는 잘랐다. / 그 나무를 / 체인 톱으로

We cut down / the tree / with a chainsaw.

2 내 아내가 급히 실려갔다. / 응급실로

My wife was rushed / to the emergency room.

3 그 음식을 다시 넣어 줄래? / 냉장고에

Can you put the food back / in the refrigerator?

4 눈부시다. / 얼마나 빨리 기술이 발전했는지

It's incredible / how fast technology has improved.

5 내 기름기가 묻은 손은 집을 수 없다. / 그 전화기를
(손에 기름이 묻어서 그 전화기를 잡을 수 없다.)

My greasy hands couldn't pick up / the phone.

"Well, shit, Doc, I couldn't pick'em up."

열 손가락이 모두 잘렸기 때문에 잘린 손가락들을
집어올 수 없었다는 끔찍한 벌목공의 이야기입니다.

25
The martial arts dog

무술 하는 강아지

조크 일러스트레이션을 보고 오디오를 집중해서 들으면서 전체적인 내용을 짐작해 본다.

★ Take a look at the illustration and Listen carefully...

The martial arts dog
무술하는 강아지

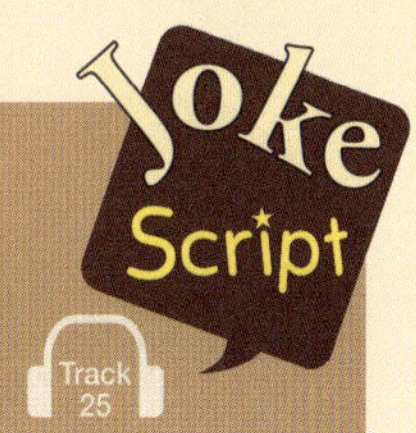

A man wanted a watchdog, / so he went to the pet store.// And he asks the clerk, / "Do you have a good watchdog?"//

The clerk replies, / "You're in luck, / I have one left." / She comes back with a Chihuahua.// And the man, / a little ticked off, / says / "What the hell do I need a Chihuahua for? /

That's not a watchdog!" / The clerk replies, / "But this is a special watchdog.// He knows martial arts."//

And the clerk takes the Chihuahua / and the man out to an alley, / where there is some trashy furniture.// And the clerk points to a chair and says,/ "Kick that chair!" / Less than a second later, / the Chihuahua reduces the chair to sawdust.// The clerk points to a sofa / and commands the dog to Kick that sofa. / Repeats performance. // The man, / amazed, / buys the dog for $1000 / and takes it home.//

When he gets home, / the man shows his wife the Chihuahua / proclaiming,/ "Honey, / I got you a watchdog!"/

The wife yells, / "That isn't a watchdog, / for cryin'out loud!// You wasted your money!"// The man calmly replies, / "This is a special watchdog.// He knows Martial arts."//

And the wife, / flustered, shouts / "Martial arts?!? / Kick my ass!!!"//

Key words & Idioms

★ in luck	운이 좋은	★ tick off	화가 난
★ watchdog	집 지키는 개	★ martial arts	무술
★ alley	통로	★ trashy	못쓰게 생긴
★ reduce	줄이다	★ sawdust	톱밥
★ command	명령하다	★ proclaim	주장하다
★ waste	낭비하다	★ flustered	당황한

Reading Comprehension_독해

A man wanted / a watchdog, // so he went / to the pet store.
한 남자는 원했다.　한 마리의 경비견을,　그래서 그는 갔다. / 그 애완동물 가게로

And he asks / the clerk, // "Do you have / a good watchdog?"
그리고 그는 묻는다. / 그 점원에게, "당신은 갖고 있습니까? / 한 마리의 좋은 경비견을?"

The clerk replies, // "You're in luck, // I have one left." // She comes
그 점원이 대답한다,　"당신은 운이 좋습니다,　나에게는 한 마리가 남았습니다." // 그녀
back with a Chihuahua.
는 돌아온다. / 한 마리의 치와와와 함께

And the man, // a little ticked off, // says // "What the hell do I need
그리고 그 남자는,　약간 짜증이 나서,　말한다. "도대체 내가 왜 필요한가요?
/ a Chihuahua for?
한 마리 치와와를 무엇에(쓰라고)?

That's not a watchdog!" // The clerk replies, // "But this is a special
그것은 한 마리의 경비견이 아닙니다!" // 그 점원이 대답한다,　"하지만 이 개는 한 마리의
watchdog. // He knows / martial arts."
특별한 경비견입니다. // 그(치와와)는 압니다. / 무술을.

And the clerk takes / the Chihuahua / and the man out / to an alley,
그리고 그 점원은 데리고 간다. / 그 치와와와　그리고 그 남자를　한 골목으로,
// where there is / some trashy furniture.
있는　몇 개의 못 쓰는 가구가 있는

And the clerk points / to a chair and says, // "Kick that chair!" //
그리고 그 점원이 가리킨다.　하나의 의자를 그리고 말한다,　"저 의자를 차!"

Less than a second later, // the Chihuahua reduces / the chair to
일 초도 안 되어,　그 치와와는 줄인다.(만들어 버린다)　그 의자를

sawdust.
톱밥으로

The clerk points / to a sofa / and commands / the dog / to Kick that
그 점원이 가리킨다.　하나의 소파를 그리고 명령한다.　그 개에게　저 소파를 차라고

sofa. // Repeats (the) performance.
그 퍼포먼스를 반복한다.(발로 차서 가루로 만드는 묘기를 계속 보여준다.)

The man, // amazed, // buys / the dog / for $1000 // and takes it
그 남자는,　감동했고,　그 강아지를 산다.　1000 달러에　그리고 그(강아지)

home.
것을 집으로 데려간다.

When he gets home, // the man shows / his wife / the Chihuahua,
그가 집에 도착했을 때,　그 남자는 보여준다.　그의 아내에게　그 치와와를,

// proclaiming // "Honey, // I got you a watchdog!"
(그리고) 외친다.　"여보,　내가 당신한테 줄 한 마리 경비견을 사 왔어!"

Tip

| proclaiming은 and the man proclaims 또는 as the man proclaims를 간략하게 표현한 것임

The wife yells, // "That isn't a watchdog, // for cryin' out loud! // You
그 아내는 소리 지른다, "그것은 한 마리의 경비견 아니잖아요, // 내가 미쳐!   당신은

wasted / your money!"
낭비했어.   당신 돈을!"

The man calmly replies, // "This is a special watchdog. // He knows
그 남자는 조용하게 대답한다, "이 개는 한 마리의 특별한 경비견이라고.   그 (강아지)는 알아요.

/ Martial arts."
  무술을"

And the wife, // flustered, / shouts : // "Martial arts ?!? //
그리고 그 아내가,   당황하여,   소리친다 :   무술을?!?

Kick my ass!!!"
내 엉덩이나 걷어차 봐!!!"

Listening & Reading Comprehension 듣기 및 독해 

1 Why did the man want to buy a dog?

    a. He needed a dog for his martial art.

    b. He wanted a guard dog.

    c. He wanted a show dog.

2 Which of the following is not true about the dog?

    a. It is a Chihuahua.

    b. It loves art.

    c. It knows martial arts.

3 How did the dog destroy the furniture?

    a. By kicking it

    b. With a punch

    c. By biting it

★ 리스닝, 리딩 테스트 정답 및 해석 ★

1 정답 B

그 남자는 왜 개 한 마리를 사려고 했나? / 호신견이 필요했기 때문에

2 정답 B

그 개와 관한 내용 중 틀린 것은? / 그림을 아주 좋아한다.

3 정답 A

그 개는 가구를 어떻게 격파 하였나? / 발로 차서

Writing Practice 영작

단어와 숙어를 이용하여 영작해본다.

1 내가 생각하기에 / 우리는 호신용 개 한 마리를 구해야 합니다.

I think / we should get a guard dog.

2 내 아들은 배우기를 원했다. / 무술을

My son wanted to learn / martial arts.

3 그가 입은 더러운 옷은 그를 만들었다. / 더럽게 보이도록

His dirty clothes made him / look trashy.

4 우리 집 개는 묘기를 잘 부린다.

Our dog performs exceptionally.

5 나는 소리쳤다. / 나의 여자친구를 사랑한다고

I proclaimed / my love to my girlfriend.

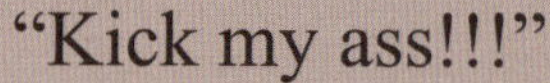

"Kick my ass!!!"

뭐든지 박살을 내서 가루로 만드는 무술 강아지한테
자기 엉덩이를 걷어차 보라고 했으니 그 여자 엉덩이
가 어떻게 되었겠습니까?

26
How smart are you?

당신은 얼마나 똑똑 하십니까?

조크 일러스트레이션을 보고 오디오를 집중해서 들으면서 전체적인 내용을 짐작해 본다.

★ Take a look at the illustration and Listen carefully...

ANSWERS TO THE QUIZ

① How long did the Hundred Years War last?

② Which country makes Panama hats?

③ From which animal do we get catgut?

④ In which month do Russians celebrate the October Revolution?

⑤ What is a camel's hair brush made of?

⑥ The Canary Islands in the Pacific are named after what animal?

⑦ What was King George VI's first name?

⑧ What color is a purple finch?

⑨ Where are Chinese gooseberries from?

⑩ What is the color of the black box in a commercial airplane?

What do you mean, you failed? // Me, too.
(And if you try to tell me you passed, / you lied!)

Key words & Idioms

★ last	시간이 걸리다, 지속되다	★ Pacific	태평양의
★ catgut	현악기를 만드는 선(동물의 창자로 만든)	★ gooseberry	베리의 한 종류
★ celebrate	기념하다		
★ purple finch	자주색깔의 새		

Reading Comprehension _독해

① How long did / the Hundred Years' War / last?
얼마나 오래　　　그 백년 전쟁은　　　지속되었습니까?

② Which country / makes / Panama hats?
어느 나라가　　　만들었습니까?　파나마 모자들을

③ From which animal / do we get / catgut?
어떤 동물로부터 / 우리가 얻을 수 있습니까 ? / 캣것(동물의 창자로 만드는 현악기의 줄)을?

④ In which month // do Russians celebrate /
몇 월에　　　러시아 사람들은 기념합니까?

the October Revolution?
그 10월 혁명을

⑤ What is / a camel's hair brush / made of?
무엇으로 / 하나의 낙타털 붓은　　　만들어졌습니까?

⑥ The Canary Islands / in the Pacific / are named after /
그 캐나리 군도는　　　그 태평양에 있는　　이름을 따라 지어졌습니까?

what animal?
어느 동물의

Tip

The Canary Islands나 the Pacific 앞에는 the White House(백악관)처럼 관용적으로 the가 항상 붙습니다. 한국어로 번역할 때는 생략하지만 **"영어식 한국말 해석"** 훈련에서는 **"그 태평양"**으로 익히시기 바랍니다. 이렇게 훈련해야 문법을 저절로 익히게 되고 완벽한 영작도 가능하게 됩니다.

⑦ **What was / King George VI's / first name?**
무엇 이었습니까?　　　킹 조지 4세의　　　첫번째 이름은

⑧ **What color is / a purple finch?**
무슨 색입니까 ?　　퍼플 핀치(새의 일종)는

⑨ **Where are / Chinese gooseberries / from?**
어디서 / 차이나 구스베리(잼 만드는 나무열매)는　　온 것입니까?

⑩ **What is / the color / of the black box / in a commercial airplane?**
무엇입니까? / 그 색상은　　그 블랙박스의　　모든 민간 항공기 안에 있는?

> **Tip**
> 여기에서 부정관사 a는 **모든 민간 항공기**를 의미합니다.

What do you mean, / you failed? // Me, too.
무슨 뜻입니까 , / 당신이 실패했다고요?　　나도 마찬가지 입니다.

(And if you / try to tell me / you passed, // you lied!)
(그리고 만약 당신이 / 나에게 말하려고 시도한다면 // 당신이 통과했다고, // 당신은 거짓말을 한 것입니다.)

ANSWERS TO THE QUIZ _ 퀴즈 정답

Remember, you need / 4 correct answers / to pass...
기억하십시오, 당신은 필요합니다. / 4개의 정답들이　　통과하려면 …

Check / your answers / below. //
확인하십시오 / 당신의 정답들을 / 아래에서.

① How long did the Hundred Years War last? **116 years**
백년 전쟁은 116년간 계속되었습니다.

② Which country makes Panama hats? **Ecuador**
파나마 모자는 **에콰도르**에서 생산됩니다.

③ From which animal do we get catgut? **Sheep and Horses**
캣것은 **양과 말**에서 추출해서 만듭니다.

④ In which month do Russians celebrate the October Revolution?
러시아에서는 10월 혁명은 **11월**에 기념합니다
November

⑤ What is a camel's hair brush made of? **Squirrel fur**
낙타털 붓은 **다람쥐 털**로 만듭니다.

⑥ The Canary Islands in the Pacific are named after what animal?
카나리 섬의 카나리라는 이름은 원래 **개**의 이름 이었습니다.
Dogs

⑦ What was King George VI's first name? **Albert**
킹 조지의 첫번 째 이름은 **앨버트**입니다.

⑧ What color is a purple finch? **Crimson**
퍼플 핀치의 원래 색은 **크림색**입니다.

⑨ Where are Chinese gooseberries from? **New Zealand**
차이나 구스베리의 원산지는 **뉴질랜드**입니다.

⑩ What is the color of the black box in a commercial airplane?
블랙박스의 색은 **오렌지 색**입니다.
Orange [of course]

Listening & Reading Comprehension 듣기 및 독해 

1 Which of the following is not correct?

   a. A camel's hair brush is made of squirrel fur.

   b. The Canary Islands are named after a breed of dogs.

   c. Russians celebrate the October Revolution in December.

2 Which of the following is not true?

   a. Chinese gooseberries came from Tibet.

   b. Purple finches have crimson feathers.

   c. Catgut gets from sheep and horses

3 Which of the following is false?

   a. The Hundred Years War lasted for 116 years.

   b. Panama hats are made in Ecuador.

   c. An airplane black box is colored black.

★ 리스닝, 리딩 테스트 정답 및 해석 ★

1 정답 C
러시아 사람들은 10월 혁명을 12월에 기념한다.

2 정답 A
다음 중 사실이 아닌 것은? / 구스베리는 티베트에서 온 것이다.

3 정답 C
다음 중 틀린 것은? / 비행기의 블랙박스는 검은색이다.

Writing Practice 영작

단어와 숙어를 이용하여 영작해본다.

1 얼마나 오랫동안 / 그것은 지속됩니까?

How long / does it last?

2 어떤 재료로 / 그것은 만들어졌습니까?

What kind of material / is it made of?

3 말티스는 개 종류이다. / 몰타에서 온

Maltese is a dog breed / from Malta.

4 차이나 구스베리는 더 알려졌다. / 키위로

Chinese gooseberries are better known / as kiwis.

5 어느 나라에서 / 이 제품은 만들어 졌습니까?

In which country / was this product made?

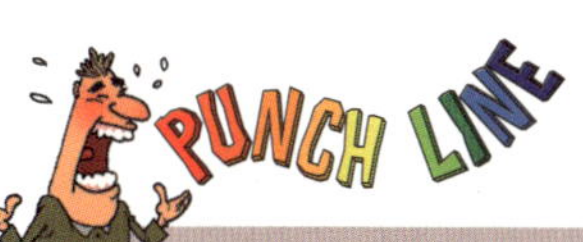

ANSWERS TO THE QUIZ

우리가 잘못 알고 있는 상식들에 관한 문제입니다.
문제만 보고 답을 하면, 당연히 답이 틀리는 문제들
을 모은 것입니다.

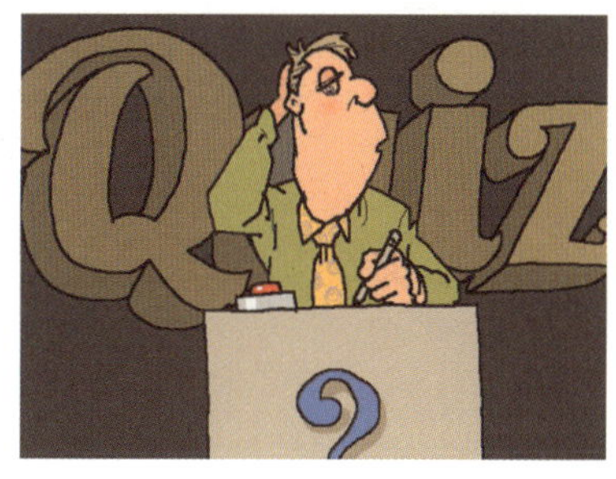

27
Moses the Parrot

모세라는 이름의 앵무새

조크 일러스트레이션을 보고 오디오를 집중해서 들으면서 전체적인 내용을 짐작해 본다.

★ Take a look at the illustration and Listen carefully...

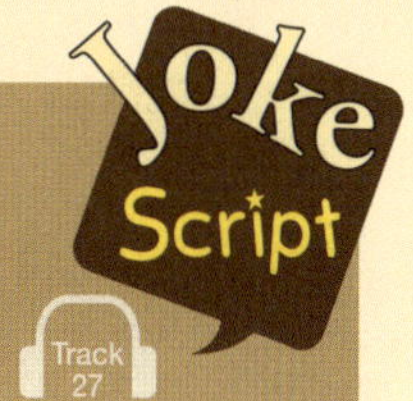

Moses the Parrot
모세라는 이름의 앵무새

Track 27

A burglar was going through the drawers / of someone else's living room / when he heard a voice saying, / "Jesus is watching you."//

He froze, / but after two or three minutes / with nothing happening,/ he figured he'd imagined it, / and continued.//

"Jesus is watching you."//

He turned / and shined his torch across the room, / eventually coming to rest / on a parrot in the corner. // He walked up to it / and asked, / "Did you say that?"//

"Oh, yes." / responded the parrot.//

"So you can speak good English?"//

"Yes, pretty good."//

"What's your name?"//

"Moses."//

The burglar considered this, / then replied,// "What kind of IDIOT names a parrot / Moses?"//

"The same kind of idiot / that names a Rottweiler / Jesus."//

Key words & Idioms

★ burglar	도둑	★ froze	freeze 의 과거
★ figure	예상하다, 알다	★ torch	손전등
★ shine	비추다	★ eventually	마침내
★ come to rest	멈추다, 멈춰 서다.	★ parrot	앵무새
★ consider	생각하다, 고려하다	★ idiot	멍청이
★ rottweiler	로트와일러 개(사나운 개로 알려짐)		

*Reading Comprehension*_독해

A burglar / was going through the drawers // of someone else's liv-
한 도둑이   그 서랍들을 뒤지고 있었다.   어떤 사람의 거실의

ing room // when he heard / a voice / saying, // "Jesus is watching
그때 그는 들었다.   한 마디의 소리를 / 말하는, "예수님이 당신을 지켜보고

you."
있다."

He froze, // but after two or three minutes // with nothing happening,
그는 얼어붙었다.   그러나 이 삼분 후   아무 일도 일어나지 않자

/ he figured / he'd imagined it, // and continued.
그는 생각했다.   그가 그것을 상상한 것이라고. // 그리고 계속했다.

"Jesus is watching you."
"예수님이 당신을 지켜보고 있다."

He turned // and shined his torch / across the room, // eventually
그는 돌아섰다.   그리고 그의 손 전등을 비췄다.   그 방 건너편으로,   마침내

coming to rest / on a parrot / in the corner.
멈추었다.   한 마리의 앵무새에게 / 그 코너에 있는

He walked up to it // and asked, // "Did you say that?"
그는 그것(앵무새)에게 걸어갔다. /그리고 물었다, "네가 말했니 그것을?"

"Oh, yes." // responded / the parrot.
"오, 네 그래요." 대답했다.   그 앵무새가.

"So you can speak / good English?"
"그래서 네가 말할 수 있단 말이냐? / 좋은(유창한) 영어를"

"Yes, pretty good."
"네, 아주 잘해요."

"What's your name?"
"네 이름이 뭔데?"

"Moses."
"모세."

The burglar considered this, // then replied, // "What kind of IDIOT
그 도둑은 생각해 봤다. 이것(대화)을,   그런 다음 대답했다, "어떤 종류의 멍청이가

/ names // a parrot // Moses?"
이름 지었느냐? // 한 마리 앵무새를 // 모세라고"

"The same kind of idiot // that names / a Rottweiler // Jesus."
"그 똑같은 종류의 멍청이야   이름 지은 / 한 마리 로트와일러를   예수님이라고."

# Listening & Reading Comprehension 듣기 및 독해 

1 Who said that Jesus was watching?

    a. The parrot

    b. God

    c. The dog

2 Which animals did the house owner not own?

    a. A hamster

    b. A dog

    c. A parrot

3 Who was watching the burglar?

    a. Jesus

    b. A Rottweiler

    c. Both

★ 리스닝, 리딩 테스트 정답 및 해석 ★

1 정답 A
누가 예수님이 지금 지켜본다고 했나? / 앵무새

2 정답 A
집주인이 키우고 있는 동물이 아닌 것은? / 햄스터

3 정답 C
누가 도둑을 쳐다보고 있었나? / 로트와일러

Writing Practice 영작

1 한 여자가 지켜보고 있다. / 그녀의 아기를 / 놀고 있는 / 그 놀이터에서

A woman is watching / her baby / playing / in the playground.

2 나는 생각했다. / 나는 들었다고 / 소음을 / 그 방쪽으로 부터

I thought / I heard / a noise / from that room.

3 나는 비추었다. / 그 손전등을 / 그 방을 가로질러

I shined / the flashlight / across the room.

4 한 마리의 개가 있었다. / 잠을 자고 있는 / 그 소파 위에서

There was a dog / sleeping / on the couch.

5 그는 이름 지었다. / 자기 개를 / '고양이'라고

He named / his dog / 'Cat'.

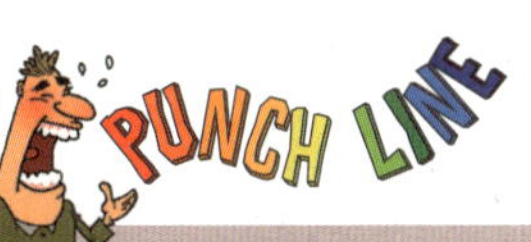

"The same kind of idiot that names a Rottweiler Jesus."

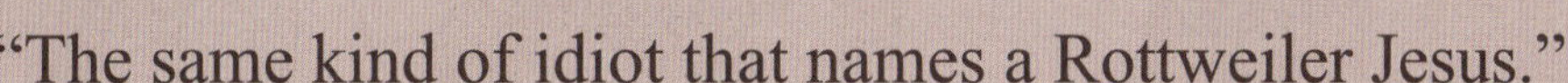

앵무새가 예수님이 도둑을 지켜본다고 한 말은 바로 로트와일러가 도둑을 지켜 보고 있다는 말이었습니다. 사나운 로트와일러가 그 도둑을 어떻게 했을지 상상해 보세요.

28
Didn't recognize you

당신이 누구인지 도저히 알아보지 못해서

조크 일러스트레이션을 보고 오디오를 집중해서 들으면서 전체적인 내용을 짐작해 본다.

★ Take a look at the illustration and Listen carefully...

Didn't recognize you

당신이 누구인지 도저히 알아보지 못해서

Track 28

A middle aged woman has a heart attack / and is taken to the hospital.// While on the operating table / she has a near-death experience.//

During that experience / she sees God / and asks / if this is it.//

God says "no" / and explains / that she has another 30-40 years to live.//

Upon her recovery / she decides to stay in the hospital / and have a face lift, / liposuction, / breast augmentation, / tummy tuck etc.//

She even has someone come in / and change her hair color.// She figures / since she has another 30-40 years, / she might as well make the most of it.//

She walks out of the hospital / after the last operation / and is killed by an ambulance speeding to the hospital.// She arrives in front of God / and asks, / "I thought you said / I had another 30-40 years"//

And God replies, / "Sorry,/ I didn't recognize you."//

Key words & Idioms

★ middle aged	중년의	★ heart attack	심장마비
★ operating table	수술대	★ near-death experience	거의 죽을 뻔한
★ recovery	회복	★ liposuction	지방 흡입술
★ breast augmentation	가슴 확대 수술	★ tummy tuck	복부 지방 제거 수술
★ make the most of	최대한 활용하다, 가급적 이용하다		

Reading Comprehension_독해

A middle aged woman / has a heart attack // and is taken / to the
어느 중년 여인이   심장 마비에 걸렸다.   그리고 실려 간다.

hospital.
그 병원에

While on the operating table // she has a near-death experience.
수술대에 누워 있는 동안   그녀는 한 번의 거의 죽음 직전의(죽음 직전의) 상황을
경험하게 된다.

During that experience // she sees God // and asks // if this is it.
그러한 경험을 하는 동안   그녀는 하느님을 본다. 그리고 물어본다. 이것이 다(끝난 것,
죽음) 인지를.

God says // "no" // and explains // that / she has / another 30-40
하느님이 말씀하신다. // "아니다" // 그리고 설명한다. // (다음을) / 그녀는 가졌다. / 또 다른

years / to live.
30~40년을 / 살아야 할

Upon her recovery // she decides / to stay / in the hospital // and
수술에서 깨어나자,   그녀는 결심한다.   머무르기로 그 병원에   그리고

have / a face lift, // liposuction, // breast augmentation, // tummy
받았다.   한 번의 얼굴 주름 제거 수술, // 허벅지 지방 흡입 수술, // 가슴 확대 수술, // 뱃살

tuck, etc.
제거, 기타 등등 …

She even has someone come in // and change / her hair color.
그녀는 심지어 어떤 사람을 오게 한다.　　　그리고 바꾼다.　　그녀의 헤어컬러를

She figures // since she has another 30-40 years, // she might as
그녀는 판단했다.　왜냐하면 그녀는 30~40년을 더 살 수 있기 때문에,　그녀는 차라리 그것

well make the most of it.
을 최대한 활용하는 편이 났다고

She walks / out of the hospital // after the last operation // and is
그녀는 걸었다.　그 병원 밖으로　　　그 마지막 수술 후에　　　그리고

killed / by an ambulance / speeding to the hospital.
죽임을 당한다. / 한 대의 앰뷸런스에 의해 / 과속으로 그 병원으로 오던

Tip

is killed : 한국말에서 잘 구분을 해주지 않는 수동태와 능동태를 정확하게 영어식 한국말로
　　　　　해석하시기 바랍니다.

She arrives / in front of God // and asks, // "I thought / you said //
그녀는 도착한다.　하느님 앞에　　　그리고 묻는다, "내가 생각하기에　당신은 말했습니

I had another 30-40 years"
다. 내가 30~40년을 더 살거라고"

And God replies, // "Sorry, // I didn't recognize / you."
그리고 하느님은 대답한다. // "미안하다. // 나는 알아보지 못했다. / 너를"

Listening & Reading Comprehension 듣기 및 독해

1 What did God tell her while on the operation table?

  a. She can go to heaven.

  b. She can live much longer

  c. She can be prettier.

2 Which of the following is not one of the surgeries she got?

  a. Liposuction

  b. Hair implant

  c. Face lift

3 Why didn't God recognize her the second time?

  a. She got too much cosmetic surgeries.

  b. She didn't look the same as before.

  c. Both

★ 리스닝, 리딩 테스트 정답 및 해석 ★

1 정답 B

하느님은 그녀가 수술을 받을 때 뭐라고 하였나? / 앞으로 더 오래 살 수 있다.

2 정답 B

다음 중 그녀가 받은 수술이 아닌 것은? / 모발 이식

3 정답 C

하느님이 두 번째 그녀를 보았을 때 못 알아본 이유는? / 성형 수술을 너무 많이 해서

Writing Practice 영작

1 그 부상당한 희생자들이 이송되었다. / 그 응급실로

The wounded victims were taken / to the emergency room.

2 우리 할아버지는 전에 거의 한 번 돌아가실 뻔 하셨다. / 작년에

My grandpa once had a near-death experience / last year.

3 그녀는완전히 회복 되었다. / 그 교통사고로부터

She has made a full recovery / from the car accident.

4 당신은 차라리 나을 것이다. / 최대한 활용하는 것이/ 당신의 인간관계를

You might as well / make the most out of / your connection.

5 나는 일어나서 걸었다./ 그 휠체어에서/ 일단 내가 그 병원에서 나오자

I stepped / out of the wheelchair / once I left the hospital.

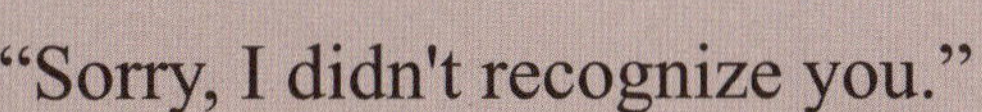

"Sorry, I didn't recognize you."

얼마나 성형수술을 많이 했으면 전지전능하신 하나님
도 이 여자를 알아보지 못했겠습니까? 나중에 천국에
가서 하느님이 많은 대한민국 여자들을 못 알아보시면
어떻게 하지요?

29
And God Created Woman

그리하여 신은 여인을 창조하셨나니

조크 일러스트레이션을 보고 오디오를 집중해서 들으면서 전체적인 내용을 짐작해 본다.
★ Take a look at the illustration and Listen carefully...

And God Created Woman

그리하여 신은 여인을 창조하셨나니

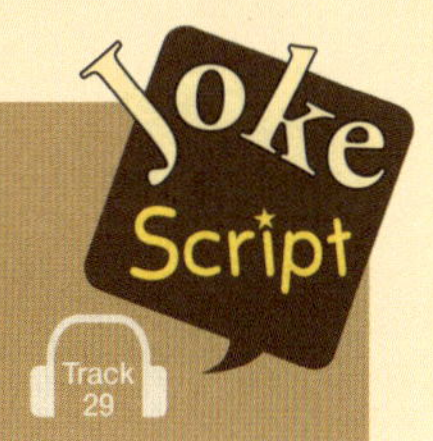

One fine morning / in the Garden of Eden, / God looked down / upon Adam / and noticed that he was looking glum. // So the Lord said to Adam / "What troubles you, / my Son?"//

Adam looked up to God / and said / "I'm lonely, Father.// I have no one to talk to."//

So God said / "then I shall give you a companion, / and she will cook and clean for you, / and wash your clothes.//
She shall bear your children / and never wake you in the middle of the night / to take care of them.//

She will give you love and compassion / whenever you want it.// She will not nag at you / and will always be the first / to admit she is wrong / if you two ever disagree.//

She will love and support you / no matter what, / and always agree with any important decision you make.// She shall be called a **woman**."//
Intrigued, / Adam asked God / "What shall this woman cost, Father"//
God replied / "One arm and one leg, / my son."//

Adam pondered this question for a minute, / and with the seriousness / that only comes from complete certainty, / he answered. / "Hmm, / what can I get for / just a rib?"//

Key words & Idioms

★ look down upon	내려다 보다	★ glum	침울한
★ look up to	~을 올려다 보다	★ lonely	외로운
★ companion	동반자, 친구	bear child	아기를 갖다
★ take care of	~를 돌보다	★ compassion	동정심
★ nag	잔소리를 하다	★ admit	인정하다
★ disagree	의견이 일치하지 않다	★ intrigue	강한 호기심이 생기다
★ one arm and one leg	매우 비싼 값	★ ponder	심사숙고 하다
★ with seriousness	심각하게	★ complete certainty	확신

Reading Comprehension _독해

One fine morning // in the Garden of Eden, // God looked down
어느 상쾌한 아침　　　　에덴 동산에서,　　　　　　　하나님이 내려다 보았다.

upon / Adam // and noticed / that he was looking glum.
　　　아담을　　그리고 알았다. (that 이하를)/ 그가 아주 침울하게 보인다는 것을

So the Lord said to Adam // "What troubles you, // my Son?"
그리하여 그 하나님이 물어보았다. 아담에게 // "내 아들이여, 무슨 일이 있느냐?"

Adam looked up to God // and said // "I'm lonely, Father. // I have
아담은 하느님을 올려다 봅니다.　　그리고 말합니다. "저는 외롭습니다, 하나님. 저는 아무도

no one to talk to."
없습니다. / 말을 할"

So God said // "then I shall give you a companion, // and she will
그러자, 하나님은 말합니다. // "그러면 내가 마련하여 주겠노라, 너에게 배필 하나를 // 그 여인은

cook and clean for you, // and wash your clothes.
해줄것이다. 너에게 밥을, 그리고 깨끗하게 청소를 할 것이니라 집안을, / 그리고 빨아줄 것이다 네 옷을

She shall bear your children // and never wake you / in the middle
그녀는 또한 낳아 줄 것이다 너의 자식들을, // 그리고 깨우지도 않을 것이니라. 너를/

of the night / to take care of them.
한 밤중에　　　그 자식들을 돌보라고

She will give you love and compassion // whenever you want it.
그 여인은 베풀것이니라 너에게 / 사랑과 연민을　　　네가 그 것을 원하면 언제든지

She will not nag at you // and will always be the first // to admit she
그 여인은 투정을 부리지 않을 것이다. 너에게 // 그리고 항상될 것이니라. 첫 번째가// 그녀가 잘

is wrong // if you two ever disagree.
못했다고 인정하는 // 만약 너희 둘이 의견이 맞지 않으면

She will love and support you // no matter what, // and always
그녀는 사랑하며 도울 것이니라. 너를   무슨 일이 있어도,   그리고 항상 동의

agree with any important decision you make. // She shall be called
할 것이다. / 네가 한 중요한 결정에 대해서   그 여성은 이름하여 한 사람

a **woman**.”
의 **여인**이라고 불릴 것이니라.”

Intrigued, // Adam asked God // “What shall this woman cost,
귀가 번쩍 뜨인   아담이 물었다. 하나님에게   얼마면 그 여인을 살 수 있나요? 하나님,

Father”
아버지!”

God replied // “One arm and one leg, // my son!”
하나님이 대답했다. // “아주 비싸단다. 네 팔 하나와 다리 하나와 바꿔야 하느니라, // 아들아!”

Adam pondered this question / for a minute, // and with the serious-
아담은 골똘히 생각했다. 이 문제를   잠시동안,   그리고 진지함으로

ness // that only comes from complete certainty, // he answered.
          오직 완전한 확신에서 나온,   그는 대답합니다.

“Hmm, // what can I get for // just a rib?”
“음,   무엇을 얻을 수 있나요? 갈비 하나로// (내 갈비뼈 하나를 빼주면 안되나요?”)하고…

# Listening & Reading Comprehension 듣기 및 독해 

1 What was wrong with Adam?

 a. He was lonely.

 b. He was hungry.

 c. He was tired.

2 Which feature does the 'woman' not come with?

 a. Obedience

 b. Jealous

 c. Child bearing

3 How much did Adam pay God for the woman?

 a. An arm and a leg

 b. A rib

 c. A leg

★ 리스닝, 리딩 테스트 정답 및 해석 ★

1 정답 A

아담한테 무슨 일이 있었나? / 외로웠다.

2 정답 B

다음 중 여자의 덕목과 관련이 없는 것은? / 질투

3 정답 A

그 여자를 얻기 위하여 아담은 얼마를 지불하였나? / 팔 한 쪽과 다리 하나 (많은 금액을 의미)

Writing Practice 영작

1 내 친구가 슬프고 우울하게 보였다. / 오늘

My friend looked sad and glum / today.

2 개(모든 개)는 될 수 있다. / 하나의 좋은 친구가 / 인간들에게

Dogs make for / a great companion / to humans.

3 사랑과 연민은 / 우리를 인간으로 만드는 것이다.

Love and compassion / is what makes us human.

4 그 공연 티켓들은 지불하게 한다. / 우리들한테 / 엄청 비싸게
(우리는 그 공연 티켓을 비싸게 주고 샀다.)

Those concert tickets cost / us an arm and a leg.

5 무엇을 나는 살 수 있나요? / 1 달러로

What can I get / for a dollar?

"Hmm, what can I get for just a rib?"

아담은 갈비대 하나로 이브를 얻었지만 그 댓가로 결국은
에덴동산에서 추방된 계기가 되었지요.

현대의 많은 남녀가 결혼을 하면서 치뤄야 하는 댓가로부터
자유로워지기 위해서 독신으로 살아가고 있나요?

30
Only when he is drunk!

술에 취했을 때만!

조크 일러스트레이션을 보고 오디오를 집중해서 들으면서 전체적인 내용을 짐작해 본다.
★ Take a look at the illustration and Listen carefully...

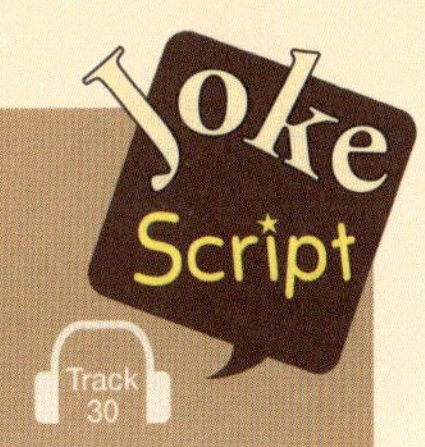

Only when he is drunk!

술에 취했을 때만!

A driver is stopped / by a police officer.// The driver asks, / "What's the problem, officer?"//

Officer : / "You were going at least 75 / in a 55 zone."//

Man :   / "No, sir, / I was only doing 65."//

Wife :   / "Oh, Harry. / You were going 80." /
            (The man/ gives his wife / a dirty look.)//

Officer : / "I'm also going to give you a ticket / for your broken
            taillight."//

Man :   / "Broken taillight? / I didn't know about a broken taillight!"//

Wife :   / "Oh, Harry, / you've known about that tail light / for weeks." /
            (The man gives his wife   another dirty look.)//

Officer : / "I'm also going to give you a citation / for not wearing your
            seat belt."//

Man :   / "Oh, / I just took it off / when you were walking up to the car."//

Wife :   / "Oh, Harry, / you never wear your seatbelt?"//

The man turns to his wife and yells, / "Shut your mouth!"//

The officer turns to the woman / and asks, // "Ma'am, / does your husband talk to you this way / all the time?"//

The wife says, / "No sir, / only when he's drunk."//

Key words & Idioms

★ at least	적어도	★ give someone a dirty look	인상을 쓰다
★ taillight	미등	★ citation	법정 출두서
★ take something off	~을 떼어내다	★ all the time	항상

*Reading Comprehension*_독해

A driver is stopped / by a police officer. // The driver asks, // "What's
한 운전자가 멈춤을 당합니다.   한 경찰에 의해서   그 운전자는 묻습니다,   "무슨 문제

the problem, officer?"
가 있습니까, 경찰관님?"

Officer : // "You were going / at least 75 // in a 55 zone."
경찰   "당신은 가고 있었습니다. / 적어도75 마일로 // 55마일 지역에서"

Man : // "No, sir, // I was only doing 65."
남자   "아닙니다, 경찰관님, // 나는 겨우 하고(가고) 있었습니다. 65(마일)로"

Wife : // "Oh, Harry. // You were going 80." // (The man / gives / his
아내   "오, 해리.   당신은 가고 있었어요. 80으로   (그 남자는   줍니다.   그의

wife / a dirty look.)
아내에게 하나의 더러운 인상을)

Officer : // "I'm also going to give / you / a ticket // for your broken
경찰   나는 역시 줄 것입니다.   당신에게 / 하나의 티켓을 / 당신의 고장난

taillight."
미등 때문에

Man : // "Broken taillight? // I didn't know / about a broken taillight!"
남자   "고장난 미등이라구요?   나는 몰랐습니다.   하나의 고장 난 미등에 관하여!"

Wife : // "Oh, Harry, // you've known about that tail light // for weeks."
아내   "오, 해리,   당신은 알고 있었다구요. / 그 미등에 관하여   일 주일 동안"

// (The man / gives / his wife / another dirty look.)
(그 남자는   줍니다.   그의 아내에게   또 다른 더러운 인상을)

Officer : // "I'm also going to give / you / a citation // for not wearing
경찰　　　　　　"나는 또한 줄 것입니다.　　당신에게 / 하나의 소환장을 // 매지 않은 것에 대하여
　　　　　　　/ your seat belt."
　　　　　　　당신의　안전벨트를"(또한 안전 벨트 미착용으로 법원 소환장을 주겠습니다.)

Man : // "Oh, // I just took it off // when you were walking up /
남자　　　　"아,　　　나는 방금 그것을 풀었습니다. // 당신이 걸어오고 있었을 때
　　　　　　to the car."
　　　　　　그(내) 차로"

Wife : // "Oh, Harry, // you never wear your seatbelt?"
아내　　　　"오, 해리,　　　당신은 원래 안전벨트를 매지 안잖아요?"

The man turns to his wife / and yells, // "Shut your mouth!"
그 남자가 그의 아내에게 얼굴을 확 돌리더니, / 그리고 고함칩니다. // "입 닥쳐!" 하고

The officer turns to the woman // and asks, // "Ma'am, // does your
그 경찰은 그 여자를 쳐다봅니다,　　　　　　그리고 묻습니다.　"부인,　　당신의　남편은
husband talk to you this way // all the time?"
당신에게 이렇게 말을 합니까?　　　　　항상

The wife says, // "No sir, // only when he's drunk."
그의 아내가 말합니다. "아뇨, 경찰관님, // 오직 그가 술에 취했을 때만요."

Listening & Reading Comprehension 듣기 및 독해 

1 How many miles per hour over the speed limit did the man drive at?

    a. 10MPH

    b. 55 MPH

    c. At least 20 MPH

2 Why was the man pulled over?

    a. He was speeding.

    b. He had a broken taillight

    c. Both

3 Which of the following is not part of the man's violations?

    a. Passing a red light

    b. Speeding and not wearing his seat belt

    c. Intoxicated while driving

★ 리스닝, 리딩 테스트 정답 및 해석 ★

1 정답 C

이 남자는 제한 속도 보다 몇 마일이나 더 빨리 달렸나? / 적어도 20 마일 이상

2 정답 C

남자가 경찰에 잡힌 이유는? / 둘 다

3 정답 A

다음 중 이 남자가 위반한 사항이 아닌 것은? / 빨간 불에 지나간 것

Writing Practice 영작

1 당신은 있어야 합니다. / 적어도 세 명의 전문가들이 / 이 일을 끝내기 위하여

You will need to have / at least three professionals / to get this job done.

2 나는 멈춤을 당했다. / 한 명의 경찰에 의해서 / 그 검문구역에서

I was stopped / by a cop / at the checkpoint.

3 한 노인이 하나의 인상을 썼다. / 내가 큰소리로 잡담을 하자 / 나의 친구와 함께 / 그 전철에서

An old man gave me a dirty look / when I was chatting loudly / with my friend / on the subway train.

4 나는 티켓을 한 장 받았다. / 과속으로 / 어제

I've got a ticket / for speeding / yesterday.

5 그 그림을 떼어 주시겠습니까? / 그 벽에서

Can you take the painting / off the wall?

"No sir, only when he's drunk."

이 남자는 경찰한테 자기가 위반한 것을 잡아떼고 있는데,
아내가 남편이 음주 운전 한 것 까지 다 알려주었군요. 이런
아내와 사는 남편이 안 됐나요, 아니면 이런 남편과 사는 그
아내가 더 불쌍한가요?

31
Irresistible to women

조크 일러스트레이션을 보고 오디오를 집중해서 들으면서 전체적인 내용을 짐작해 본다.
★ Take a look at the illustration and Listen carefully...

Irresistible to women

여자들이 사족을 못 쓰는 것

A man is walking down the beach / and comes across an old bottle. // He picks it up, / pulls out the cork / and a genie pops out.//

And the genie says / "Thank you for freeing me / from the bottle. / In return, / I will grant you three wishes."//

The man says / "Great. / I've always dreamed of this / and I know exactly what I want. // First, / I want 1 billion dollars / in a Swiss bank account."//

Poof! / There is a flash of light / and a piece of paper with account numbers / appears in his hand.//

He continues, / "Next, / I want a brand new red Ferrari / right here."//

Poof! / There is a flash of light / and a bright red brand-new Ferrari appears / right next to him.//

Poof! / And he continues, / "Finally, / I want to be irresistible to women."//

Poof! / There is a flash of light / and he turns into a box of chocolates.//

Key words & Idioms

★ pick up	집다	★ come across	~와 만나다
★ in return	대신에	★ pop out	터져 나오다
★ exactly	정확하게	★ grant	허가하다
★ appear	나타나다	★ billion	10억
★ irresistible	도저히 참을 수 없는	★ brand new	최신형
		★ turn into	~로 바뀌다

Reading Comprehension _독해

A man is walking / down the beach // and comes across / an old
한 남자가 걷고 있다.　　그 해변을 따라　　그리고 우연히 만난다.(발견한다) 하나의

bottle.
오래된 병을

He picks it up, // pulls out / the cork // and a genie pops out.
그는 그것(병)을 줍는다, // 뽑아낸다. / 그 콕크 마개를 // 그리고 한 명의 지니가 튀어나온다.

And the genie says // "Thank you / for freeing / me //
그리고 그 지니가 말한다.　"고마워요.　　자유롭게 해준 것 나를

from the bottle.
그 병으로부터

In return, // I will grant / you / three wishes."
보답으로,　　나는 들어(허락해) 줄 겁니다. / 당신에게 / 세 가지 소원들을"

The man says "Great. // I've always dreamed of / this // and I know
그 남자가 말한다. "아주 좋습니다. // 나는 항상 꿈꿔 왔습니다.　　이것을　　그리고 나는

exactly / what I want.
정확히 압니다. / 무엇을 내가 원하는지

First, // I want / 1 billion dollars // in a Swiss bank account." //
첫 번째로, / 나는 원합니다. / 10억 달러를　　한 스위스 은행 계좌에"

Poof! // There is a flash of light // and a piece of paper / with ac-
팟!,　　　한 줄기 빛이 터진다.　　　　　그리고 하나의 종이 조각이

count numbers // appears / in his hand.
계좌번호들이 적힌　　　나타난다.　그의 손 안에

He continues, // "Next, // I want / a brand new red Ferrari // right
그는 계속한다,　　　　　"다음으로,　나는 원합니다. / 한 대의 신형 빨간색 페라리를　　　바로

here."
여기에"

Poof! // There is a flash of light // and a bright red brand-new Ferrari
팟!,　　　불빛이 한 번 번쩍인다.　　　　그리고 한 대의 눈부신 빨간색 신형 페라리가

appears // right next to him.
나타난다.　　그 남자의 바로 옆에

Poof! // And he continues, / "Finally, / I want to be irresistible to
팟!　　　그리고 그는 계속한다,　　　마지막으로,　나는 원합니다. / 거부할 수 없이 열망

women."//
하는 것이 되길 / 여자들한테.

Poof! / There is a flash of light / and he turns into a box of choco-
팟!　　　한 줄기 빛이 번쩍인다.　　　　　그러자 그 남자는 변해버린다. / 초콜릿 한

lates.//
상자로

Listening & Reading Comprehension 듣기 및 독해

1 Where did the man find the genie in the bottle?

a. On the beach

b. In the river

c. At the lake

2 What was the man's first wish?

a. A beautiful woman

b. A lot of money in a Swiss bank account

c. A red Ferrari

3 Which of the following is most irresistible to women?

a. A new, expensive car

b. A box of chocolates

c. A handsome man

★ 리스닝, 리딩 테스트 정답 및 해석 ★

1 정답 A

이 남자는 병 속에 있던 지니를 어디에서 발견했나? / 해변에서

2 정답 B

이 남자의 첫 번째 소원은 무엇이었나? / 많은 돈이 들어있는 스위스 은행 계좌

3 정답 B

다음 중 여자들이 도저히 참을 수 없이 열망하는 것은? / 초콜릿 한 상자

Writing Practice 영작

1 나는 우연히 만났다. / 나의 옛 여자친구를 / 내 친구의 결혼식 파티에서

I came across my ex-girlfriend / at my friend's wedding party.

2 고맙습니다. / 나를 태워줘서/ 대신, / 제가 당신한테 저녁 한 끼를 대접하겠습니다.

Thank you/ for giving me a ride. / In return,/ I'll treat you for a dinner.

3 확실하게 기억하시기 바랍니다. / 당신의 비밀번호를

Make sure to keep your / PIN number / memorized.

4 한 줄기의 번쩍 터진 불빛은 잠시 장님으로 만들었다. / 나를

A flash of light briefly blinded / me.

5 우리집 귀여운 개는 / 변했다. / 한 마리의 말썽꾸러기 개로

Our adorable puppy / turned into / a troublemaker.

PUNCH LINE

Poof! There is a flash of light and he turns into
a box of chocolates.

그 남자가 항상 꿈꿔 왔던 신형 페라리와 10억 달러의
스위스 은행 계좌를 가지게 되었지만, 마지막 세 번째
소원을 너무 추상적으로 말했군요.
지니는 여자들이 사족 못 쓰는 것이 초콜릿이라고만 알
고 있었는데 말입니다.

32
Give me my money!

내 돈 내 놔!

조크 일러스트레이션을 보고 오디오를 집중해서 들으면서 전체적인 내용을 짐작해 본다.

★ Take a look at the illustration and Listen carefully...

Give me my money!

내 돈 내 놔!

Late one night, / a mugger jumped a well-dressed man / and held a gun to his ribs.//

"Give me your money!" / he demanded.//

The man stiffened, / but said indignantly, /
"You can't do this to me — / I'm a State Assemblyman!"//

"In that case," / replied the robber, / "give me my money!"//

Key words & Idioms

★ mugger	노상강도	★ hold a gun to	～에 총을 들이대다.
★ ribs	갈비대, 옆구리	★ reply	대답하다.
★ demand	요구하다	★ stiffened	긴장되어 몸이 굳어지다
★ indignantly	분개하여	★ State Assemblyman	주 하원위원

Reading Comprehension_독해

Late one night, // a mugger jumped / a well-dressed man // and
어느 늦은 밤,　　　　　한 명의 노상강도가 달려들었다. / 한 명의 잘 차려입은 신사에게

held a gun / to his ribs.
그리고 하나의 총을 들고 있었다. / 그(신사)의 옆구리에

"Give me / your money!" // he demanded.
"내게 줘라.　　네 돈을!"　　　　　그가 요구했다.

The man stiffened, // but said / indignantly,
그 남자는 긴장했다,　　　　　그러나 말했다.　단호하게

"You can't do this / to me. // I'm a State Assemblyman!"
"너는 이럴 수 없어.　　　　나한테　　나는 한 명의 주의회 위원이야!"

"In that case," // replied / the robber, // "give me / my money!"
"그런 경우엔,"　　　　대답했다.　그 강도가,　　　　"나한테 내놔라.　내 돈을!"

# Listening & Reading Comprehension 듣기 및 독해 

1 What did the mugger threaten the gentleman with?

    A. A gun

    B. A knife

    C. A baseball bat.

2 Which of the following is true about the mugger?

    A. He was well dressed.

    B. He was angry at the gentleman.

    C. He was threatening the gentleman for money.

3 Which of the following is not true about the gentleman?

    A. He bumped into the mugger during late night.

    B. He didn't owe the mugger any money.

    C. He was trying to fight back at the mugger.

★ 리스닝, 리딩 테스트 정답 및 해석 ★

1 정답 A

강도는 무엇으로 그 신사를 위협했나? / 총

2 정답 C

다음 중 강도에 관한 사실중 맞는것은? / 그는 그 신사에게 돈을 내놓으라고 위협했다.

3 정답 C

다음 중 그 신사에 관한 내용중 사실이 아닌 것은? / 그 신사는 강도에게 반격하려고 했다.

Writing Practice 영작

1 지난 밤, / 강도 한 명이 / 침입했다. / 우리 집에

Last night, / a burglar / broke into / our house.

2 노숙자가 / 빌딩 모퉁이에 있던 / 요구했다. / 약간의 잔돈을

A homeless man / at the corner of the building / asked for / some change.

3 그는 분개하였다. / 그녀가 존경심 없는 태도로 대했을 때 / 그에게

He felt indignant / when she was being disrespectful / towards him.

4 작년에 / 나는 주의회의원 이었었다. / 지금 나는 상원의원이다.

Last year / I was a state assemblyman. / Now I'm a senator.

5 당신은 언제 갚을 것입니까. / 돈을 / 당신이 나한테 빚 진?

When are you going to pay me back / the money / you owed me?

"In that case, Give me my money"

미국에서도 정치인들은 조크의 좋은 소재들인데, 그들에 대한 첫 번째 이미지는 믿을 수 없는 사람들이란 것이지요. 이 조크에서는 강도가 오히려 정치인한테 "자기 돈"을 내놓으라고 하는 황당함 속에 정치인들이 얼마나 사람들에게 불신을 당하는지를 역설적으로 표현한 조크입니다.

싱싱 초간단 시리즈

혼자서 손쉽게 외국어의 기초를 다진다! **동인랑**

· 혼자서 손쉽게 **외국어의 기초를** 다진다!

· **발음부터 대화문 듣기까지** 한 권으로 정복한다!

· 들리는 대로만 따라하면 **저절로 외국어회화가** 된다!

★ **Gary Kim**이 제안하는 **영어 혁명**

영어를 재미있게 공부하라!

재미없는 일을 열심히 하는 사람은 없습니다. 영어도 마찬가지입니다.
영어공부도 재미있을 때 더 열심히 하게 되고 효과도 훨씬 큽니다. 많은 사람이 영어공부에 대한 목표를 크게 세우지만, 그 목표를 달성하는 사람은 아주 소수에 불과합니다. 그 이유는 다른 무엇보다도 영어공부가 재미없기 때문입니다.

저는 오랜 미국생활 동안 어떻게 하면 비영어권 사람들이 영어공부를 재미있게 하면서 실전에 바로 쓸 수 있는 영어 실력을 쌓을 수 있을지에 대해 많은 고민과 연구를 해 왔습니다. 그 결과로 영어 조크를 소재로 비영어권 나라 학습자들을 위한 영어 버전과 한국어 버전의 영어 학습서를 기획하게 되었고, 2014년 미국 아마존 북스토어에 "Learn English with Funny Jokes by Gary Kim"을 99개 영어 조크를 소재로 제가 직접 작업한

디지털 일러스트와 Discovery Channel을 비롯한 미국 유명 영화사와 라디오 드라마를 다년간 제작해 온 전문 성우와 공동 작업으로 영어 버전 디지털 북과 오디오 북을 먼저 출간 하였습니다. 출간 이후 전 세계 독자들로부터 많은 찬사를 받고 있습니다.

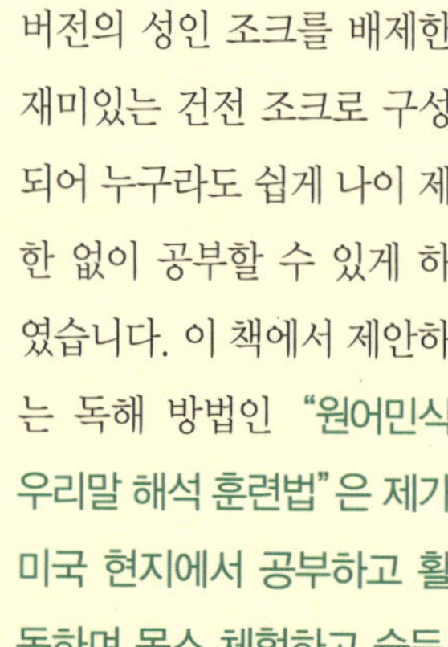

한국어 버전 "영어 조크로 영어를 정복하라"는 영어 버전의 성인 조크를 배제한 재미있는 건전 조크로 구성되어 누구라도 쉽게 나이 제한 없이 공부할 수 있게 하였습니다. 이 책에서 제안하는 독해 방법인 "원어민식 우리말 해석 훈련법"은 제가 미국 현지에서 공부하고 활동하며 몸소 체험하고 습득한 경험과 노하우를 바탕으로 오랜 연구 끝에 완성한 한국인을 위한 맞춤형 영어 훈련서입니다. 여러분의 영어공부에 획기적인 전환점이 될 것입니다.

영어 조크를 공부하면서 ★ 덤으로 얻는 것!

1석 4조 리스닝, 스피킹, 독해 그리고 영작까지 한 방에 잡는다.

조크에는 소설이나 뉴스처럼 상황을 묘사하는 동시에 일상 회화도 같이 들어있습니다. 실전 회화능력은 물론 독해와 영작까지 공부할 수 있기 때문에 고급영어로 갈 수 있는 리스닝, 스피킹, 독해 그리고 영작까지 동시에 완성할 수 있습니다. 당연히 TOEIC, TOEFL, 시험 영어는 물론 영어 이메일 쓰기가 더 쉬워질 것입니다.

커뮤니케이션 능력 진정한 커뮤니케이션 능력을 쌓을 수 있다.

조크에는 미국인들의 사고방식과 문화가 그대로 담겨 있습니다. 제대로 된 커뮤니케이션은 상대방의 문화와 상식을 이해할 수 있을 때 비로소 가능합니다. 조크영어를 공부하게 되면 미국 드라마나 영화, 코미디를 이해하는 데도 많은 도움이 될 것입니다. 조크영어로 원어민들만이 알 수 있는 미묘한 뜻, 이중의 의미까지도 공부할 수 있게 되기 때문입니다.

강력한 동기 부여 영어공부에 대한 강력한 동기 부여를 받는다.

영어 조크를 공부하는 동안 이제까지 해왔던 지루한 공부와는 달리 "영어가 정말 재미있다." 라는 놀라운 경험을 하게 될 것입니다. 영어공부에 대한 강력한 동기부여를 받게 될 것입니다.

공부한 영어 조크를 외국인 친구에게 쓰면 그 조크를 완벽하게 자기 것으로 만들수 있습니다. 물론 한국 친구에게 써도 좋을 것입니다. 본인이 공부한 조크를 얘기하는 동안 영어조크의 표현도 함께 기억되게 될 것이기 때문입니다.

이 훈련법으로 이 책을 끝낼 때쯤 되면 여러분의 영어 실력은 놀랍게 향상되어 있을 것입니다. 영어 실력 향상뿐만 아니라 주변 사람들을 재미있게 해주는 유머러스한 사람으로 변신해 있을 것입니다.

미국 산타페에서, 저자, *GARY KIM*

저자 ★ 게리 킴, Gary Kim

저자 게리 킴은 미국의 리얼리즘 화단에서 잘 알려진 한국계 화가이다.

고교 시절에는 기타와 팝송에 빠져 원어민 영어발음을 배우기 시작했고, 대학 시절에는 영어신문을 구독하면서 꾸준히 영어 실력을 쌓았다. 영어를 잘했던 덕분에 외국계 광고대행사(대홍기획, DDB NEEDHAM, DIK)에서 크리에이티브 디렉터로 일을 하게 되었고, 프리랜서로 독립하여 국내에서 몇 안 되는 손 꼽히는 아트디렉터, 일러스트레이터로 이름을 날렸다. 광고계에서 바쁘게 일하면서도 대학원 광고디자인 석사학위를 취득한 후에는 몇몇 대학에서 시각디자인과 광고학을 강의했다.

30대가 끝나가던 1999년 어느 날 그는 어린 가족을 데리고 주위의 만류를 뒤로 한 채, 뉴욕 아트스쿨 석사과정(Pratt Institute, New York) 유학을 결행하였다. 표면적으로는 학위 취득이 목표였지만 내심으로는 영어에 대한 열망이 더 뜨거웠다.

화가로 아메리칸 드림을 실현해야 하겠다고 마음을 먹은 그는 다니던 학교를 그만두고 그의 평생 목표였던 화가의 꿈을 뉴욕에서 시작하게 된다.

뉴욕에서 활발하게 화가로 활동하면서, 미국 TV 인터뷰와 방송 프로그램에 출연하는 등 그동안 갈고 닦아온 그의 영어가 빛을 발했고 그토록 열망했던 본인의 영어를 최고 수준으로 끌어 올렸다.

몇 년 전에 뉴욕을 떠나 현재는 New Mexico 주의 Santa Fe에서 스튜디오 겸 개인 갤러리, Gary Kim Fine Art Gallery (www.garykimfineart.com)를 운영하며 미 주류 화단에서 이름있는 화가로 활동하고 있다. 그에게 그림지도를 받은 많은 미국인 학생들이 있다.

2014년 영어 조크로 재미있게 공부하는 영어 학습서 "Learn English with Funny Jokes"를 아마존(Amazon.com)에 출간해서 전 세계에 많은 독자를 갖고 있다.

저자는 한국인을 위한 그의 첫 번째 저서 "미국식 유머 스피킹·리딩 훈련 FUNNY JOKES"를 시작으로 미 주류 사회에서 화가로 활발히 활동하고 있는 저자의 풍부한 영어 경험과 연구를 바탕으로 한 영어 시리즈를 계속 출간 할 예정이다.

**LEARN
ENGLISH
미국식 유머
스피킹·리딩 훈련
FUNNY JOKES**

저자 게리 킴(Gary Kim)
1판 1쇄 2016년 7월 20일   발행인 김인숙   발행처 (주)동인랑
Editorial Director 김인숙   Design 김미선   Illustration 게리 킴
Printing 삼덕정판사

139-240
서울시 노원구 공릉동 653-5

대표전화 02-967-0700
팩시밀리 02-967-1555
출판등록 제 6-0406호
ISBN 978-89-7582-557-6

동인랑 에서는 참신한 외국어 원고를 모집합니다. webmaster@donginrang.co.kr